AS ARTEMAGES DE SARAMAGO

LEYLA PERRONE-MOISÉS

As artemages de Saramago
Ensaios

Copyright © 2022 by Leyla Perrone-Moisés

Grafia atualizada segundo o Acordo Ortográfico da Língua Portuguesa de 1990, que entrou em vigor no Brasil em 2009.

Capa
Raul Loureiro

Foto de capa
Arquivo Fundação José Saramago

Preparação
Stéphanie Roque

Revisão
Ana Maria Barbosa
Valquíria Della Pozza

Dados Internacionais de Catalogação na Publicação (CIP)
(Câmara Brasileira do Livro, SP, Brasil)

Perrone-Moisés, Leyla
 As artemages de Saramago : Ensaios / Leyla Perrone-Moisés. — 1ª ed. — São Paulo : Companhia das Letras, 2022.

 ISBN 978-65-5921-139-5

 1. Ensaios – Coletâneas 2. Saramago, José, 1922--2010 I. Título.

22-123962   CDD-809

Índice para catálogo sistemático:
1. Ensaios : Literatura   809

Cibele Maria Dias – Bibliotecária – CRB-8/9427

[2022]
Todos os direitos desta edição reservados à
EDITORA SCHWARCZ S.A.
Rua Bandeira Paulista, 702, cj. 32
04532-002 — São Paulo — SP
Telefone: (11) 3707-3500
www.companhiadasletras.com.br
www.blogdacompanhia.com.br
facebook.com/companhiadasletras
instagram.com/companhiadasletras
twitter.com/cialetras

Sumário

Introdução, 7

1. As artemages de Saramago, 11
2. Ricardo Reis, o heterônimo sobrevivente, 25
3. O Evangelho segundo Saramago, 37
4. Formas da negação na ficção histórica de Saramago, 63
5. A ficção como desafio ao registro civil, 81
6. Homens e cavernas, 107
7. Escritor engajado?, 123
8. As últimas fábulas, 139

Textos que foram revistos e ampliados neste livro, 151
Obras de José Saramago citadas neste livro, 153
Referências bibliográficas, 155

Introdução

Esta coletânea é uma pequena homenagem a José Saramago no centenário de seu nascimento. Uma coletânea de admiração e de afeto. Admiração pelo escritor, afeto pela pessoa. Saramago dizia que dentro de seus livros ia um homem, e isso era verdade. Quem teve a felicidade de conhecê-lo sabe que, em pessoa, ele era igualzinho ao autor-narrador de seus romances: sisudo e bem-humorado, seco e afetuoso, indignado e generoso, pessimista e esperançoso, altivo e modesto. Seus inúmeros leitores também tiveram e têm a sorte de conhecer esse homem, por seus livros, pelas numerosas entrevistas em que ele se explicava por inteiro e pelos diários que deixou. Conhecer o homem por detrás da obra aproximou o romancista dos leitores, estreitando laços que vão além da admiração. Sua obra é acolhedora, ela nos inclui e envolve.

A extrema exposição a que Saramago se prestou dificulta uma leitura isenta de seus romances, tanto por aqueles que gostam do homem e de suas ideias como por aqueles que não gostam. Para os críticos literários, essa simbiose autor e obra é incômoda. O que o crítico pode dizer da obra que o próprio autor já não tenha dito ele mesmo, não apenas ao se explicar sobre cada novo livro, mas sobretudo por comentários do narrador dentro do texto?

Com a argúcia do grande crítico que era, Eduardo Lourenço expôs essa dificuldade: "Nada pode ser dito sobre 'os fins' que nessa ficção estão já visíveis ou que invisíveis a comandam, que não seja glosa da glosa permanente com que José Saramago acompanha uma narração que é ao mesmo tempo uma história e um conto" (*O canto do signo*, 1994).

Entretanto, a autoexplicação dessa obra não tem intimidado seus leitores-críticos; a enorme quantidade de artigos e teses sobre o escritor o comprova. Ao me lançar nessa dispensável aventura de comentar seus romances, devo declarar que o faço para prolongar o prazer de sua leitura, mais do que para pretender elucidá-los. Não é apenas por considerar supérfluas as explicações, mas também pelo fato de esta obra ter sido escrita com elegante simplicidade, sem pretensões maiores do que a de contar belas fábulas providas de uma moral implícita.

Este livro é, em parte, uma retomada de artigos que publiquei em jornais, revistas e coletâneas resultantes de encontros universitários. Para atualizar os textos, alguns datados de mais de três décadas, e evitar repetições ou contradições, tive de reescrevê-los. A fim de compor um conjunto mais abrangente, acrescentei leituras inéditas. Reler as obras do escritor, reescrever minhas leituras anteriores e escrever novas proporcionou-me a feliz sensação de conviver com ele durante um verão pluvioso e pandêmico.

As indicações referentes às publicações originais, assim como aos textos inéditos, serão fornecidas nas últimas páginas deste livro. Além disso, sendo a obra de Saramago tão cristalina, tentei tratá-la aqui sem o peso formal dos trabalhos universitários com suas referências eruditas e notas de rodapé. Por isso, as obras alheias citadas ou mencionadas serão sucintamente indicadas no texto, entre parênteses, e constarão em uma breve bibliografia ao final. As citações retiradas das numerosas entrevistas do escritor foram colhidas do precioso livro *As palavras de Saramago*, organizado por Fernando Gómez Aguilera, e estão identificadas em meu texto, entre parênteses, pelo título do veículo e pela data da publicação, poupando ao leitor uma infinidade de notas.

L.P-M
2022

1. As artemages de Saramago

O prêmio Nobel concedido a José Saramago em 1998 foi recebido, em Portugal e nos países de língua portuguesa, como um milagre. Na verdade, além de ser o primeiro escritor da língua a receber a láurea, ele realizou proeza raríssima na literatura moderna: ser respeitado pela crítica especializada, ser objeto de pesquisa e ensino em universidades de vários países e ter imediatamente vasto público leitor, nos países de sua língua e em todos aqueles em que foi traduzido. Isto, sim, é um milagre. Um milagre para o qual, se formos ateus como ele, buscaremos uma explicação racional; entretanto, se também entendermos de arte como ele, saberemos de antemão que a explicação nunca será completa. O êxito de uma obra artística depende de uma combinação de fatores que nunca pode ser totalmente explicada. Em *Manual de pintura e caligrafia* (p. 127), Saramago lembrava que, no Alentejo, o povo usava a palavra "artemages" para designar as artes mágicas. Tentemos, então, recapitular alguns aspectos das "artemages" desse nobelizado.

Para os leitores de sua própria língua, Saramago é antes de tudo um estilo. Em sua escrita, a frase portuguesa adquire ritmo particular, obtido por simetrias, incisas, retomadas e inversões, num balanço harmonioso que conduz a um acabamento perfeito. É como se a língua chegasse aí a uma beleza e a uma funcionalidade plenas. Poderíamos dizer, acerca das melhores páginas de Saramago, o que Pessoa disse de Vieira: "Aquele movimento hierático da nossa clara língua majestosa, aquele exprimir das ideias nas palavras inevitáveis, correr de água porque há declive [...] aquela grande certeza sinfônica" (Bernardo Soares, *Livro do desassossego*).

O aspecto ao mesmo tempo artificioso e natural do português de Saramago resulta de uma engenhosa aliança do erudito com o popular, do livresco com a oralidade. Sua prosa incorpora uma rica tradição literária, de Fernão Lopes a Vieira, Camilo Castelo Branco, Eça de Queirós e Pessoa, aí presentes num intertexto que não é apenas alusivo ou citacional, mas que age num nível mais difícil de captar, o da arquitetura sintática, da prosódia, das técnicas narrativas e descritivas. A essa tradição, Saramago trouxe sua nota pessoal que, na superfície do texto, consiste na supressão da maior parte dos sinais convencionais de pontuação, marcadores de diálogos, pausas ou entoação. Esse modo de escrever, segundo ele, lhe ocorreu de repente após a vigésima página de *Levantado do chão*, e tornou-se desde então sua marca registrada.

A supressão total ou parcial de pontuação, muito praticada desde o início do século pelos prosadores de vanguarda (em Portugal por Almada Negreiros), não tem, em Saramago, um intuito puramente experimental, mas decorre do caráter oral de sua prosa, mais proferida do que escrita, e proferida com larguíssimo fôlego. Essa prática só funciona porque Saramago tem domínio absoluto da lógica discursiva, do ritmo da frase e da respiração do falante, de modo que seu leitor jamais se extravia nos segmentos do discurso ou confunde os interlocutores de um diálogo.

A oralidade de Saramago é a do contador de histórias, que embala o ouvinte com sua voz, mas sobretudo o mantém suspenso a uma fabulação. Essa capacidade de fabular e de manter o interesse do receptor é uma qualidade que independe da língua, e é ela que tem garantido o êxito do escritor junto aos leitores das inúmeras traduções de suas obras. Não por acaso *Levantado do chão*, livro inaugural de sua grande fase romanesca, foi precedido de uma viagem ao Alentejo, onde ele se reabasteceu das histórias ouvidas desde a infância. Numa entrevista, ele declarou: "O leitor dos meus livros deverá ler como se estivesse a ouvir dentro de sua cabeça uma voz dizendo o que está escrito" (*Folha de S.Paulo*, 1995). O paralelo com Guimarães Rosa, nesse ponto, é inevitável. As obras de ambos alcançam plena comunicabilidade na leitura em voz alta, quando reatam com suas raízes orais.

São várias as marcas da oralidade nos romances de Saramago. O narrador (que ele não gostava de distinguir do escritor) é uma presença constante em seus textos, com intervenções na primeira pessoa do singular, quando comenta, ou do plural, quando inclui o próprio leitor, a cujas possíveis dúvidas ou objeções ele está sempre atento, como se de uma conversa se tratasse. A ausência de travessão ou aspas nos diálogos dá às falas o caráter teatral típico da literatura oral, conferindo às personagens uma presença mais forte na narrativa e uma aproximação maior do leitor. Em suas intervenções, o narrador expõe algumas vezes suas próprias dúvidas acerca da continuação da história, como se dissesse ao ouvinte: e agora? e depois? São esses alguns dos traços marcantes de uma longa tradição ibérica de narradores orais, presentes desde a Idade Média tanto nas cortes e igrejas como nas feiras populares.

Embora tendo alcançado o domínio de seu estilo próprio com *Levantado do chão* e *Memorial do convento*, Saramago não cedeu à facilidade de nele se instalar definitivamente. Desde então, e de romance a romance, seu estilo se transformou. Das voltas barrocas adequadas ao tema setecentista do *Memorial*, ele passou a um discurso enxuto de relato policial em *O ano da morte de Ricardo Reis* e chegou, depois, ao milagre estilístico de *O Evangelho segundo Jesus Cristo*, em que reciclou com maestria o profetismo evangélico e o lirismo do *Cântico dos cânticos*. Em seus romances posteriores, *Ensaio sobre a cegueira* e principalmente *Todos os nomes*, sua escrita se despojou da pirotecnia barroca para alcançar um ideal clássico: a clareza luminosa e a precisão incisiva, aquela aparente simplicidade que só se conquista com muito trabalho e experiência. O escritor tem consciência dessa evolução de seu estilo, como declarou em conversa com Carlos Reis, em janeiro de 1998: "Julgo estar a assistir, nestes últimos livros, a uma espécie de ressimplificação. Hoje verifico que há em mim como que uma recusa a qualquer coisa em que me divertia, que era essa espécie de barroquismo, qualquer coisa que eu não levava, mas que de certo modo me levava a mim; e estou a assistir, nestes últimos dois livros, a uma necessidade maior de clareza".

A evolução do estilo de Saramago é correlata à evolução de sua temática e, em decorrência desta, da escolha de gênero. As histórias por ele narradas sempre tiveram uma função de parábola, isto é, uma narração alegórica que remete a realidades e reflexões de ordem geral e superior à dos eventos narrados. Essa tendência à parábola, que em *O Evangelho segundo Jesus Cristo* pode explicar-se pela remissão ao próprio texto evangélico, glosado e subvertido em múltiplos microrrelatos, expandiu-se em *Ensaio sobre a cegueira* e *Todos os nomes*, que podem ser lidos como parábolas desenvolvidas, o primeiro remetendo à cegueira coletiva da humanidade atual e o segundo remetendo à busca individual de liberdade e amor num mundo burocratizado, totalitário e necrófilo.

Quem leu apenas uma ou duas obras do escritor ignora a riqueza e a variedade do conjunto, e pode formar uma opinião equivocada a seu respeito. Saramago não é um escritor analítico, um esmiuçador de ideias ou de estados de alma (embora prove, em muitos momentos, que sabe fazer isso). As histórias que ele narra não valem por elas mesmas, mas por seu sentido alegórico. E é justamente a generalização alegórica que lhe garante a recepção universal desde sempre concedida aos aedos, aos fabulistas, aos contadores de "histórias".

O que ele busca é mais geral e concreto. Geral, como alegoria moderna, ou seja, aquela que nasce da História e a ela remete. E concreto em vários sentidos. Concreto primeiramente pela capacidade que ele tem de dar concretude aos objetos e aos seres, o que confere a seu texto um permanente apelo sensual. Concreto também porque ele sente e trabalha a palavra em sua materialidade fônica, como poeta que é: "Penso hoje que os escritores têm andado com demasiada pressa: problematizam micrometricamente sentimentos sem antes terem dado uma simples volta de dicionário às palavras" (*Manual de pintura e caligrafia*, p. 155).

Saramago não é um pensador, um filósofo. Suas ideias e propostas não são especulações intelectuais e abstratas, são sempre fruto de uma experiência vital, expostos na concretude das palavras. Por isso, o que ele nos comunica com suas fábulas não é um saber, mas uma sabedoria. Uma sabedoria básica. Ele mesmo nos diz: "Há coisas que são tanto aquilo que são, que não precisam que as expliquemos. Perante uma tal manifestação de sabedoria básica, o oleiro achou-se uma segunda vez sem resposta" (*A caverna*, p. 212). Daí seu apreço pelos ditos e provérbios populares, que passam de geração a geração, e sua tendência a formular novas máximas existenciais. Quanto às afirmações dos especialistas, ele as contesta: "Dizem os entendidos que viajar é importantíssimo para a formação do espírito, no entanto não é preciso ser uma luminária do intelecto para perceber que os espíritos, por mais viageiros que sejam, precisam de voltar de vez em quando a casa porque só nela é que conseguem ganhar e conservar uma ideia passavelmente satisfatória acerca de si mesmos" (*A caverna*, p. 270). Pela mesma confiança na experiência, Saramago não é um profundo investigador da psicologia de suas personagens. Essas, mais do que indivíduos particulares, representam a humanidade em determinado contexto social. Ele conhece os seres humanos por ser um arguto observador de seus atos, de modo que, em seus romances, não há longos monólogos interiores ou fluxos de consciência. São as atitudes e os atos que revelam a psicologia das personagens.

Sua obra se esteia num projeto ético e político, sem se tornar doutrinária e sem deixar de ter a estética como prioridade. "Dificílimo ato é o de escrever, responsabilidade das maiores", disse ele mais de uma vez. Saramago é um homem politicamente engajado, com opiniões firmes, que podemos ou não compartilhar. Mas sua obra literária não é uma obra de mensagem explícita e fechada; é sempre uma busca e uma proposta de sentido, e não uma imposição deste. Sua enunciação escapa à tentação do dogmatismo pela presença constante da ironia, do humor, da ternura, e sobretudo pela prudência de quem conhece a especificidade de sua arte. As questões que ele levanta, embora sempre convidando à reflexão sobre a realidade atual, ultrapassam essa contingência imediata; são questões que os historiadores chamariam "de longa duração": o poder, a opressão do indivíduo na sociedade, a dignidade fundamental do ser humano, a relação com o outro, a força do sonho e da arte.

Dessa proposta geral decorre o aparente paradoxo de um escritor comunista que não é realista e nem mesmo acredita no realismo de representação: "Às vezes, contamos certo, mas o acerto é muito maior quando inventamos. A invenção não pode ser confrontada com a realidade, logo, tem mais probabilidade de ser exacta"; "toda a verdade é ficção" (*Manual de pintura e caligrafia*, p. 134). A descrença na representação realista e o caráter alegórico de sua ficção levaram frequentemente Saramago ao domínio do fantástico. Desde os contos de 1978, reunidos em *Objecto quase*, suas histórias contêm intervenções do extraordinário ou do maravilhoso. No fantástico, o escritor também evoluiu, tornando-se mais sutil. Nos romances da década de 1990, não havia mais bruxarias espetaculares (como no *Memorial do convento*), regiões da terra que se deslocam e cães com fio de lã azul na boca (como em *A jangada de pedra*), traços que poderiam ser equiparados ao "realismo mágico" latino-ame-

18

ricano, mas uma passagem quase imperceptível do real a um irreal simbólico, no mais das vezes sombrio, como a cidade de *Ensaio sobre a cegueira* ou como a Conservatória Geral de *Todos os nomes*, ao mesmo tempo banal repartição pública e assombroso labirinto sem fim nem fundo, mais para Kafka do que para García Márquez.

O fundamento crítico e ético da obra de Saramago está presente desde as primeiras obras, e ele pode ser subsumido na expressão "levantar do chão". Numa belíssima passagem de *Manual de pintura e caligrafia*, o narrador-personagem reflete sobre a morte e rejeita a afirmação de Raul Brandão de que "é preciso matar segunda vez os mortos". Sua posição é oposta: "Despeço-me dos mortos, mas não para os esquecer. Esquecê-los, creio, seria o primeiro sinal de morte minha. Além disso, após esta viagem de escrever tantas páginas, fez-se-me a convicção de que devemos levantar do chão os nossos mortos, afastar dos seus rostos, agora só osso e cavidades vazias, a terra solta, e recomeçar a aprender a fraternidade por aí" (p. 200).

O romance seguinte seria *Levantado do chão*, em que ele narra a luta dos "sem-terra" alentejanos, ressuscitando aqueles homens cujo sofrimento teve pouca possibilidade de se exprimir e de se fazer ouvir. Segundo o escritor: "Como se eu tivesse de agarrar naquela gente que foram os meus avós, os meus pais e os meus tios, essa gente toda, analfabetos e ignorantes, e tivesse de escrever um livro" (Carlos Reis, *Diálogos com José Saramago*). Nesse romance, Saramago encontrou a temática e o estilo que o tornariam famoso. Os nomes de Domingos Mau-Tempo, Sara da Conceição e seus descendentes são arrancados do esquecimento ao qual a História os condenara. A questão do nome próprio, garantia da identidade e direito humano fundamental, seria doravante uma constante em sua obra. Em *Memorial do convento*, ele recuaria a um tempo ainda mais remoto para trazer de novo à vida as centenas de atores anônimos da construção do convento de Mafra, cujos nomes e biografias ele elenca: Francisco Marques, José Pequeno, Joaquim da Rocha, Manuel Milho, João Eanes, Julião Mau-Tempo etc. (pp. 258 ss.).

Cinco anos depois de *Todos os nomes*, ele publicou *O homem duplicado*, romance no qual retomou um tema já consagrado na literatura ocidental: o duplo. A história de um professor de história que descobre a existência de uma pessoa que, mais do que um sósia, é seu duplicado levanta diversos questionamentos acerca da identidade. E o principal é: qual dos dois é o verdadeiro, e qual a cópia? Se, por um lado, na versão de Saramago o tema do duplo implica várias questões que a literatura anterior e a psicanálise já levantaram (o duplo como desejo de outra identidade e de outra vida, como autocrítica, como inimigo e anunciador da própria morte), por outro, a abordagem é atualizada pelas reflexões que ele suscita no leitor do século XXI, século da globalização uniformizadora, dos clones biológicos e dos avatares eletrônicos.

À luz de seu projeto humanista, as obras completas de Saramago revelam uma admirável unidade, e uma tenacidade inquebrantável na defesa dos valores básicos para a vida dos homens sobre a terra, independentes das posições políticas ou religiosas. Diante de seu humanismo, a censura que lhe impuseram os católicos tradicionalistas aparece como a mais absurda. Cegados pelos dogmas, eles não viram quanto o humanismo de Saramago estava próximo do ideal cristão de justiça e solidariedade. Também não atentaram para o fato de que a existência ou não de Deus, assim como a questão da redenção dos homens, mortos ou vivos, são inquietações permanentes do escritor, fazendo dele o mais crente dos ateus. "Para ser ateu como eu sou, deve ser preciso um alto grau de religiosidade" (entrevista em *Ler*, 1991).

Suas alegorias visam ora o presente, ora o passado histórico, que ele deseja recuperar: "todo o romance é isso, desespero, intento frustrado de que o passado não seja coisa definitivamente perdida" (*História do cerco de Lisboa*, p. 61). A diferença, porém, está no fato de que o escritor tem a permissão de alterar o passado e, com isso, sugerir que o presente e o futuro podem ser outros. O passado não pode ser alterado pelo presente, mas o futuro sim. Ao falar do passado, é sempre no presente que Saramago está pensando. Daí a função dos paralelismos, espelhismos e anacronismos que, em sua obra, não são meros jogos narrativos, mas aproximações para fazer pensar, projeção e projeto. Nos romances de Saramago, a evocação do passado, como a visão do presente, abre-se para o futuro. Um futuro que é tanto o destino real dos homens como essencial para que este não seja mero destino, isto é, fatalidade cega: o da preservação de seus valores, dentre os quais a arte.

O fato de essa obra alcançar grande público (e, no Brasil, grande público jovem) demonstrou quanto os leitores estão carentes de histórias e de sentido, e não de qualquer historinha de entretenimento, ou de qualquer mensagem piegas ou esotérica. "São os grandes sentimentos, e não os sentimentalismos, que nos exaltam, que nos fazem acreditar", disse o romancista à *Folha de S.Paulo* em 1996.

Se a literatura nesta terra ainda serve para alguma coisa, isto é, se for mais do que alguns estarem a escrever para alguns estarem ainda a ler, torna-se urgente recuperá-la, já que a nossa sociedade corre o risco, devido aos audiovisuais, de emudecer, ou seja, de haver cada vez mais uma minoria com grande capacidade para falar e uma maioria crescente limitada a ouvir, não entendendo sequer muito bem aquilo que escuta. (Entrevista em *Jornal de Letras*, 1983)

Diante do que via na sociedade atual, Saramago era cético e até mesmo pessimista quanto ao futuro dos homens na terra. Isso não o impediu de lutar pelas causas que poderiam nos salvar do desastre, e para isso foi criada a Fundação Saramago. E o ceticismo que ele manifestou vez ou outra em conferências e entrevistas, em relação à possibilidade de a literatura melhorar os homens e influir na história, é felizmente desmentido em suas obras, por suas personagens e pela própria beleza de seus textos, provas, como toda arte, de que o homem é capaz de transcender a estupidez do real.

Como se vê, as "artemages" de Saramago nada têm de sobrenatural. São feitos extraordinários de linguagem realizados por um homem fora do comum. Ele sempre fez questão de desmistificar a aura romântica que ainda cerca a atividade do escritor como inspirado e mártir de sua vocação. Pelo contrário, sempre equiparou seu trabalho ao de um operário e considerou sua obra como resultado de muita disciplina e empenho em realizá-la o melhor possível. O surpreendente é que essa obra, como a passarola mágica do *Memorial do convento*, nos eleve, quando lida, muito acima da reles realidade a que se refere.

2. Ricardo Reis, o heterônimo sobrevivente

Todos sabem que Fernando Pessoa foi vários poetas. Graças ao recurso da heteronímia, ele não foi um só, mas quatro: o Ele Mesmo, Alberto Caeiro, Ricardo Reis e Álvaro de Campos. Isso sem contar outras frações mais duvidosas, como Bernardo Soares, que não passava de um semi-heterônimo, e dezenas de outros quase heterônimos, mais ou menos individualizados e mais ou menos prolíficos. Também sem levar em conta que o Ele Mesmo não era exatamente o indivíduo chamado Fernando Pessoa.

Os grandes heterônimos têm obras, biografia e mapa astral. Assim, sabemos que quando o homem Pessoa morreu, em 1935, com 47 anos, fazia vinte anos que Caeiro falecera. Mas Campos, então com 45 anos, e Reis, com 48, sobreviveram ao seu criador. Nenhum documento atesta o falecimento desses dois. A obviedade dessa sobrevivência escapou a todos que choraram a morte de Pessoa. A todos, não. José Saramago deu pela coisa e foi ver o que tinha acontecido com um dos sobreviventes. O resultado foi um excelente romance: *O ano da morte de Ricardo Reis*.

E o que Saramago descobriu sobre esse sobrevivente? Segundo o romancista, um mês depois da morte de Pessoa, Ricardo Reis, que estava exilado no Rio de Janeiro desde 1919 por ser monarquista, regressou a Lisboa. Viveu aí todo o ano de 1936, que fora bastante agitado na política portuguesa. Teve problemas com a polícia de Salazar. Amancebou-se com uma criada de hotel enquanto curtia uma paixão platônica por uma burguesa. Surpreendentemente, encontrou-se várias vezes com o fantasma de Fernando Pessoa, que não parava quieto no Cemitério dos Prazeres, perambulava por Lisboa e vinha bater longos papos com o amigo. Talvez Reis tenha morrido, por livre e espontânea vontade, no fim daquele ano. É o que o título do romance diz e o que seu final sugere. Mas nessas histórias pessoanas nada é certo, e Saramago teve a sutileza de deixar as coisas suspensas, como convinha.

O romance de Saramago prende o leitor da primeira à última página, quer esse leitor seja um frequentador assíduo da obra de Pessoa, quer seja aquele, improvável, que dele nunca ouviu falar. Isso porque é um romance com qualidades pessoanas e qualidades saramaguianas. Ricardo Reis, o médico e latinista retornado à pátria depois de longos anos da ausência, tem uma consistência não só pessoana, mas pessoal.

O romancista constrói sua personagem com notável verossimilhança. A vida de Reis não tem grandes acontecimentos, o que é coerente com sua personalidade contemplativa e abúlica. Entretanto, ela se insere num momento particularmente intenso da história europeia: em Portugal, a instalação triunfante da ditadura salazarista; na vizinha Espanha, os atritos que prenunciam a Guerra Civil; na Alemanha, a ascensão de Hitler; e, na Itália, a de Mussolini.

Como poeta-pensador, Reis enunciara uma filosofia cética — baseada na renúncia à ação e na abdicação a qualquer projeto de intervir no destino dos homens, pregando apenas o aperfeiçoamento interior do indivíduo — e um "epicurismo triste", que consistia em viver os pequenos prazeres do presente sob a sombra da consciência da morte. "Sábio é aquele que se contenta com o espetáculo do mundo", escrevera ele numa de suas odes. Ora, nos meses que seguem à sua volta à pátria, Reis percebe que não é fácil ser mero espectador do mundo, sobretudo quando este se encontra tão convulsionado.

No terreno individual, o destino lhe prega algumas peças. Contra todos os seus preceitos éticos e preconceitos de aristocrata, ele amasia-se com uma simples criada, ironicamente chamada Lídia, como uma das imaginárias musas de suas odes arcaizantes. E apaixona-se por uma jovem burguesa que tem um braço paralisado e se chama Marcenda, nome também presente em sua poesia como adjetivo de latinista: "Eu colho a rosa porque a sorte manda./ Marcenda, guardo-a, murche-se comigo...". Flor que definha, a Marcenda de Saramago emblema os aleijões de sua classe social. Lídia, em contrapartida, de ninfa só tem o nome; é a encarnação da vitalidade popular, e seu sólido bom senso põe em xeque a alta filosofia de Reis.

Quanto ao "espetáculo do mundo", este se apresenta demasiadamente inquietante para que Reis possa contemplá-lo com indiferença. Embora incapaz de mudar seus conceitos políticos conservadores, ele reage com sensibilidade e lucidez diante do que vê em Portugal e do que lê nos jornais. Paralisado na inação e atormentado com tudo o que acontece a ele e no mundo, o médico poeta vive esses meses em abatimento e solidão.

A abundância e a precisão dos pormenores indicam que o romance de Saramago é baseado em vasta pesquisa histórica, com leitura minuciosa de jornais da época e de outras tantas fontes. Mas seu grande mérito é passar tudo isso "ao vivo", sem o menor ranço de erudição documental. O romancista já tinha uma experiência bem-sucedida de romance com enredo situado no passado histórico: o *Memorial do convento*, publicado em 1982. Aqui, com Reis, o leitor se sente na Lisboa de 1936, como se lá estivesse, tal a habilidade do romancista em reconstruir uma cidade, desde o menor incidente do cotidiano até o clima geral criado pela mentalidade de seus habitantes. E isso ele consegue através de recursos técnicos impecáveis porque imperceptíveis. As informações históricas e as análises ideológicas surgem "naturalmente" na narrativa, nas descrições de cenas e de indivíduos, nos jornais lidos por Reis ou nos diálogos que trava e ouve.

Mais do que um simples jogo literário, que por si só já seria fascinante, a criação prosseguida da ficção heteronímica resulta aqui numa reflexão sobre a identidade portuguesa e, segundo declarações do romancista em entrevistas, numa "contribuição para o diagnóstico da doença nacional". Todo o convívio com a obra de Pessoa leva a uma reflexão sobre a identidade. Ou será o oposto? Pessoa teria a identidade como problema central por ser português? A nostalgia de uma identidade heroica perdida no passado, a experiência da decadência e da "doença" caracterizaram o pensamento português no fim do século xix e no início do xx, de modo que elas se tornaram a identidade portuguesa, ou o modo de ser lusitano.

Mas Saramago não se compraz, de modo masoquista, nesse diagnóstico. Seu objetivo é contribuir para a saída do impasse. Como verdadeiro escritor, porém, ele se abstém de prognósticos, julgamentos explícitos e lições apregoadas. O romance deve fazer pensar, e faz; as tomadas de posição ficam por conta do leitor. E é notável que um escritor politicamente engajado tenha chegado a tratar com mãos tão leves, e por isso tão certeiras, um tema candente como a "alienação" política de Pessoa e seus heterônimos.

Enquanto certos críticos continuam a julgar e a condenar monoliticamente as ideias e as posições "reacionárias" de Pessoa, Saramago encena em sua ficção, sem complacência mas com profunda compreensão, os paradoxos, os impasses e as ironias que constituem o "drama em gente" do poeta.

Num diálogo com Reis, o Pessoa de Saramago diz:

> Você bem sabe que eu não tenho princípios, hoje defendo uma coisa, amanhã outra, não creio no que defendo hoje, nem amanhã terei fé no que defenderei [...]. Para mim deixou de haver hoje e amanhã, como é que quer que eu ainda acredite, ou espere que os outros possam acreditar, e se acreditarem, pergunto eu, saberão verdadeiramente em que acreditam, saberão, se o Quinto Império foi em mim vaguidade, como pode ter-se transformado em certeza vossa, afinal, acreditaram tão facilmente no que eu disse, e mais sou esta dúvida que nunca disfarcei, melhor teria feito afinal se me tivesse calado, apenas assistindo. (p. 143)

A verdade é que Pessoa não se calou e agora, fantasmático, vive num inferno sartriano: "Todos os meus actos, todas as minhas palavras, continuam vivos, avançam para além da esquina a que me encosto, vejo-os que partem, deste lugar donde não posso sair, vejo-os, os actos e palavras, e não os posso emendar" (p. 144).

O romancista dá uma lição indireta aos críticos. Cabe agora aos vivos não um julgamento onipotente e supostamente infalível dos atos e palavras do poeta (tentação dos críticos dogmáticos e redutores), mas a busca de um caminho próprio entre os múltiplos que o texto pessoano abre. E é essa leitura, pessoal, criativa e atenta à pluralidade de Pessoa, que Saramago faz em seu romance.

O ano da morte de Ricardo Reis pode ser lido em vários níveis, e todos oferecerão interesse. O simples leitor de histórias gostará de acompanhar os passos de Ricardo Reis, como num romance policial. Os interessados em história e política encontrarão na obra um farto material para reflexão. E os especialistas de Pessoa poderão apreciar o uso magistral dos textos do poeta no trabalho intertextual de Saramago. Inúmeras "citações" de trechos pessoanos se encaixam, habilmente, nas descrições, nos diálogos e nas reflexões do narrador. E não é apenas Pessoa que é utilizado nesse intertexto, mas também outros poetas, seus contemporâneos ou próximos de seu clima mental.

Como todo trabalho intertextual, o de Saramago modifica a significação dos textos utilizados, constituindo-se numa nova leitura. Assim, por exemplo, a aproximação estabelecida entre o slogan da juventude nazista — "Não somos nada" — e o verso de Reis — "Sinto que não sou ninguém salvo uma sombra" — faz-nos reler esse verso com um calafrio. Outro verso famoso de Reis — "Assim em cada lago a lua toda brilha, porque alta vive" —, incluído num diálogo do romance, adquire ares paródicos à luz do comentário de Lídia: "O senhor doutor diz as coisas de uma maneira tão bonita [...]. O povo é isto que eu sou, uma criada de servir que tem um irmão revolucionário e se deita com um senhor doutor contrário às revoluções" (pp. 385-6). Com esse comentário, Lídia arranca Reis das alturas onde ele quer viver e o lança no chão da realidade.

Não é novidade escrever-se um romance transformando em personagem de ficção um poeta que realmente existiu. Também não é novidade retomar uma personagem de ficção transportando-a para outra história, outro contexto. As reencarnações de personagens ficcionais modernas ou míticas são frequentes. No caso da obra de Saramago, a reencarnação é, entretanto, vertiginosa, porque se trata de ressuscitar Pessoa, que existiu num real histórico ainda recente, às voltas com Reis, que Pessoa inventou. Ora, no romance, Pessoa é um fantasma e Reis é extremamente convincente como ser de carne e osso. Como disse o romancista numa entrevista: "As duas figuras femininas não existem, a não ser nas odes de Ricardo Reis. Este não existe porque é um simples heterônimo de Pessoa. E Fernando Pessoa não existe porque já morreu". De fato, o que nos garante que Pessoa foi mais vivente do que Reis? Morto, Pessoa é um texto: o seu, o dos que dele falam. Um texto como Reis, o das *Odes*, e agora o do romance de Saramago.

Alguns críticos portugueses apontaram o aspecto "borgesiano" desse romance. Borges, que inventou e consagrou esse tipo de ficção sobre a ficção, é um autor da mesma estirpe que a do criador dos heterônimos: intelectualizado, lúdico e profundamente cético acerca da personalidade individual, que ele chama de *nadería*. Pouco antes de ambos, Paul Valéry, em seu *Littérature*, afirmara algo que poderia servir de comentário ao romance de Saramago: "Aquele que quer reconstituir um autor a partir de sua obra constrói necessariamente uma personagem imaginária". É a modernidade do próprio Pessoa, de seu jogo heteronímico no qual o sujeito questiona sua unidade e se põe em processo, que permite a originalidade do jogo prosseguido por Saramago.

O romancista poderia ter feito o mesmo com Álvaro de Campos, heterônimo que também sobreviveu ao seu criador. Indagado a esse respeito, Saramago declarou que não se interessava pelo engenheiro futurista e que não escreveria *O ano da morte de Álvaro de Campos*. Não é difícil entender por que foi Ricardo Reis o escolhido para o romance. Para José Saramago, a ficção literária não é apenas um jogo. Ele é um ficcionista ético, que se interessa pelas relações dos homens com a história de seu tempo, pelos pensamentos e atos de suas personagens diante do que o mundo lhes oferece em suas fictícias existências.

A vida a-histórica de um "pastor" filósofo como Alberto Caeiro não poderia motivá-lo. Tampouco a existência de um dândi viajante e depressivo como Álvaro de Campos. Ricardo Reis, por sua vez, é o indivíduo perfeito para reencarnar numa ficção de Saramago. E a boa ideia do romancista foi a de colocá-lo num ano crítico para a história mundial, 1936, época de gestação do nazismo e do fascismo e ensaio da Segunda Guerra Mundial. Por isso o livro se chama *O ano da morte de Ricardo Reis*. A pergunta que o motivou deve ter sido: o que aconteceria a um burguês lusitano, solteirão, médico, poeta arcaizante, latinista e monarquista quando se visse lançado no turbilhão da história de seu tempo?

No romance, o fantasma de Fernando Pessoa avalia a obra de seu heterônimo: "Reparando bem, meu caro Reis, as suas odes [são], por assim dizer, uma poetização da ordem" (p. 340). Para Reis, a agitação dos homens é sempre vã, porque acima deles estão os deuses, e acima dos deuses está o destino. Pessoa discorda. O papel dos homens, diz ele, é "perturbar a ordem, corrigir o destino [...]. Para melhor ou para pior, tanto faz, o que é preciso é impedir que o destino seja destino" (p. 340). Essa resposta, qualificada por Reis de subversiva, parece assoprada a Pessoa pelo próprio Saramago que, em todos os seus romances, históricos ou não, sugere que a ação dos homens pode mudar a realidade.

Segundo Saramago, a vida de Ricardo Reis termina em meio ao caos político e social. Pela última vez, o poeta contempla "o espetáculo do mundo", e o que ele presencia é o bombardeio de navios portugueses nos quais ocorria um levante de marinheiros revolucionários, contrários à ditadura de Salazar e favoráveis aos republicanos espanhóis. Esse evento de fato ocorreu em Lisboa, no dia 8 de setembro de 1936. A inclusão de sua personagem duplamente imaginária num episódio real da história portuguesa é realizada pelo romancista com maestria, amarrando o plano da narração com a ideologia de Reis. Entre os marinheiros mortos a bordo estava o irmão da amante Lídia.

Desarvorado, Reis volta para casa, "atira-se para cima da cama desfeita, escondeu os olhos com o antebraço para poder chorar à vontade, lágrimas absurdas, que esta revolta não foi sua, sábio é o que se contenta com o espetáculo do mundo, hei de dizê-lo mil vezes, que importa àquele a quem já nada importa que um perca e outro vença" (p. 424). Nada mais resta a Reis senão abdicar da própria vida e acompanhar o fantasma de Pessoa em direção à morte definitiva.

Resta lembrar que *O ano da morte de Ricardo Reis* foi, no dizer de José Saramago, o romance que ele preferia entre todos de sua obra.

3. O Evangelho segundo Saramago

Quando foi publicado *O Evangelho segundo Jesus Cristo*, em 1991, a maior parte das discussões e comentários girou em torno da questão teológica. A Igreja tratou logo de o condenar, e os católicos se perguntaram em que medida ele ofendia suas crenças. Esse tipo de discussão era inevitável, mas ociosa. Que o autor era ateu, já se sabia. Que esse evangelho não é nada católico, qualquer pessoa medianamente catequizada logo vê. Nele, Deus é mau, os anjos são demoníacos, a Virgem Maria tem nove filhos, Jesus é amante de Maria Madalena, Judas não traiu etc. Ora, o romancista tem as suas razões, que a fé desconhece. O diálogo da fé com a razão é um diálogo de surdos e, portanto, uma perda de tempo. Mas aqui a questão é outra. A razão de Saramago — e nisso reside a originalidade de sua obra — não é a razão positivista de Ernest Renan e outros, que escreveram uma biografia do homem Jesus, explicando seu papel histórico e desmistificando seus milagres. A razão de Saramago é a da ficção, e esta exige do leitor outro tipo de fé, que não é menos misteriosa e apaixonada do que a religiosa.

O sobrenatural (ou o racionalmente inexplicável) sempre esteve presente nos livros do autor e até mesmo mais do que nesse *Evangelho*. E a ninguém ocorreria discutir se um materialista podia escrever a história da bruxa Blimunda (*Memorial do convento*), ou a do fantasma de um homem que aparece a um heterônimo seu (*O ano da morte de Ricardo Reis*). Também não consta que qualquer um tenha vindo a público contestar a possibilidade geológica de a península ibérica destacar-se da Europa e descer o Atlântico (*A jangada de pedra*).

Mas com a história de Jesus é diferente. Crentes se indignaram porque Saramago não acredita na imaculada concepção, e ateus desdenharam os prodígios de Deus e do Diabo em sua história. Comunistas e teólogos da libertação gostariam talvez de ver um Jesus socialista ou revolucionário. Ora, o Jesus de Saramago não é nem totalmente divino, nem totalmente humano: é uma personagem de ficção. A única questão de fé que desde então se coloca é se, no espaço de tempo em que se lê o livro, acreditamos nessa personagem e nos tornamos seus seguidores. "Pois tudo vai é da maneira de dizer" (p. 237); ora, a maneira de Saramago convence e alicia, e este é o velho milagre da boa ficção.

Tomar Jesus como personagem é um desafio especial. Além de provocar suscetibilidades, a história não promete muito, em termos de prazer de leitura. Todos estão fartos de a conhecer, todos sabem que é triste e acaba mal. Saramago enfrentou esse desafio. Conforme disse numa entrevista, todo escritor deveria enfrentá--lo, pelo menos uma vez, e justamente porque essa é a história sobre a qual assenta nossa cultura, o nosso mito fundador. Crentes ou ateus, todos nós a temos em nosso inconsciente, todos levamos os mandamentos judaicos "cosidos sob a pele" (Sartre), todos carregamos a culpa de que trata essa história. Se, no judaísmo, nasce--se com o peso do pecado original, no cristianismo, este é perdoado às custas do martírio do próprio filho de Deus, o que confere aos beneficiados nova culpa.

E é de culpa, fundamentalmente, que trata o romance. Todas as personagens do *Evangelho* de Saramago são culpadas, ou assim se sentem. As mulheres têm culpas mais leves, para compensarem o fato de serem tão insignificantes no judaísmo. Maria carrega a culpa de não ter contado ao filho as circunstâncias obscuras de sua concepção e nascimento, embora soubesse, desde sempre, quem era o terceiro pastor que ofereceu ao recém--nascido o pão que o diabo amassou. A culpa de Maria Madalena é a que já se sabe, e a de sua irmã Marta, a de a invejar.

Culpa mesmo, o que se chama culpa, são os homens que a carregam. José é culpado pela matança dos inocentes, da qual, por acaso, ficou sabendo a tempo. Em vez de avisar os outros pais, fugiu calado com sua pequena família. Essa culpa lhe custará um terrível pesadelo recorrente, de que só se livrará ao pagar, numa cruz, um crime de que era inocente. A de Jesus é herdada do pai José. Morto este, Jesus recebe seu pesadelo, invertido. Edipianamente, sonha que este vem para matá-lo, e só depois de muito penar se livra da culpa ao identificar-se com o pai, ambos "levados no mesmo rio", em sonho, em direção àquela terceira margem que Guimarães Rosa já sonhara. Todas as personagens, enfim, poderiam dizer como a de Rosa: "De que era que eu tinha tanta, tanta culpa? [...] Sou o culpado do que nem sei, de dor em aberto, no meu foro" (*Primeiras estórias*, p. 36). E o Jesus de Saramago diz: "quem me libertará desse remorso, a mim que me vejo, hoje, como meu pai naquele tempo" (p. 402). Falas que se podem encadear não porque um escritor cite outro, mas porque essa terrível herança está no âmago de nossa vivência judeu-cristã, como sabem os escritores e aquele outro judeu, inventor da psicanálise.

"A única palavra que nenhum homem pode repelir como coisa não sua é Arrepende-te, porque todos os homens caíram em pecado, nem que fosse uma só vez" (p. 374). A culpabilidade independe da culpa: "não é preciso ter culpa para ser-se culpado" (p. 152). De quem é, então, a culpa por tanta culpabilidade? Do Deus judaico, responde Saramago. Deus é o vilão de sua história.

Aproveitando-se de certos traços inequívocos do Deus de Israel, aquele que é um olho que tudo vê e uma voz que tudo exige sem nada explicar, José Saramago inventa um Deus cruel e vaidoso, que gosta de sangue e faz do pobre Jesus uma marionete a serviço de seus planos. E que planos são esses? Planos de ampliação de poder, que ele explica a Jesus. Deus não está satisfeito de ser "o deus de um povo pequeníssimo que vive numa parte diminuta do mundo"; deseja alargar sua influência, "ser deus de muito mais gente". Jesus, que não é muito rápido de raciocínio, pede maiores explicações. Deus lhe diz:

> Se cumprires bem o teu papel, isto é, o papel que te reservei no meu plano, estou certíssimo de que em pouco mais de meia dúzia de séculos, embora tendo de lutar, eu e tu, com muitas contrariedades, passarei de deus dos hebreus a deus dos que chamaremos católicos, à grega. (p. 368)

O cândido Jesus ainda pergunta qual o seu papel nesse plano. Paciente, Deus responde: "O de mártir, meu filho, o de vítima, que é o que de melhor há para fazer espalhar uma crença e afervorar uma fé" (p. 368). E, para terror de Jesus, conta-lhe o futuro da Igreja, as privações e renúncias voluntárias dos aspirantes à santidade, a infindável lista de mártires, as Cruzadas, a Inquisição etc.

Jesus ainda tentar escapar ao plano de Deus, que o tornará culpado não da morte e de algumas dezenas de inocentes, como José, mas de milhares e milhares. Concebe ele mesmo seu pequeno plano: entregar-se ao martírio como simples homem, como "Filho do Homem" e

"Rei dos Judeus", o que baldaria os planos expansionistas de Deus. Mas este é muito mais forte. Quando Jesus está quase conseguindo morrer modestamente, Deus, de forma escandalosa, abre os céus e faz soar sua voz estentórica para confirmar, de uma vez por todas, que aquele crucificado é o seu filho muito amado.

Saramago reconta a velha história à sua maneira, que segue uma lógica impecável. Seu Deus é o supremo representante de todos os tiranos do mundo, e seu Jesus, o de todas as vítimas inocentes. Até mesmo o Diabo é menos cruel que Deus; ele chega a propor a este um perdão geral que traria a felicidade de todos, o que Deus não aceita. Essa versão da história de Jesus é, afinal, mais triste do que a oficial: o herói é totalmente vencido e não ressuscita. Mas fica vibrando, depois do ponto-final, a indignação diante do acontecido.

Essa indignação diante das histórias da História é o que move Saramago, escritor moralista. Todos os seus romances repousam sobre suas convicções éticas e políticas. Entretanto, todos escapam ao primarismo dos romances de tese porque Saramago é, antes de tudo, ficcionista. A razão raciocinante que o impulsiona acaba sempre por abrir espaço para a imaginação, para a fabulação, para a exploração da linguagem. Sua dialética é a da criação literária, em que a negação não desemboca numa síntese positiva, mas desencadeia a lógica subversiva dos possíveis. Por conhecer as artimanhas do discurso e reconhecer sua condicionalidade histórica, Saramago relativiza a verdade e evita, assim, o autoritarismo dos romancistas de tese: "isto de mentir e dizer a verdade tem muito que se lhe diga, o melhor é não arriscar juízos morais peremptórios porque, se ao tempo dermos tempo bastante, sempre o dia chega em que a verdade se tornará mentira e a mentira se fará verdade" (p. 192).

Sabe-se que a fé é incompatível com a razão. Em *Temor e tremor*, Kierkegaard conta e reconta a história de Abraão, primeiro como poeta, depois como filósofo crente. Essa história embaraçava o filósofo, como a de Jesus incomoda Saramago: "Desse modo, divertia-se o Senhor com Abraão!". A conclusão do filósofo é conhecida. Só a fé, essa paixão absurda, explica o comportamento de Abraão e nos faz aceitar o de Deus. Em suma, não se pode discutir esse tipo de história misturando religião e moral: "De um ponto de vista moral, a atitude de Abraão exprime-se dizendo que ele desejou matar Isaac, e, de um ponto de vista religioso, que teve intenção de sacrificá-lo" (p. 23). Para o moralista, o Deus de Abraão é perverso e virtualmente filicida; para o religioso, os desígnios de Deus são indevassáveis, e Abraão agiu como devia.

As questões que preocupam Saramago são as essenciais da filosofia ocidental: o sentido do Universo, sua transcendência ou imanência, o bem e o mal. Inquieta-o o mundo dos homens, "com todo aquele céu por cima e as montanhas cercando, o infinito universo desprovido de significação moral, povoado de estrelas, ladrões e crucificadores" (p. 197). Só um escritor superiormente ético, preocupado com o bem do mundo e inconformado com o mal que nele predomina, poria sua pena a serviço das grandes e fundamentais questões que esse evangelista, mesmo pouco canônico, se dispôs a encenar. Sua posição diante do sacrifício de Jesus é a do moralista ateu, e sua interpretação é perfeitamente lógica no lugar de onde ele fala. O lugar de Saramago é a terra, e o que lhe interessa é o que os homens podem nela ou dela fazer: "são coisas da terra, que vão ficar na terra, e delas se faz a única história possível" (p. 18). Seu evangelho "nunca teve o propósito desconsiderado de contrariar o que escreveram outros" (p. 238), apenas é a sua versão dos fatos, do ponto de vista do "homem humano" (Guimarães Rosa, novamente): "todo o homem é um mundo, quer pelas vias do transcendente, quer pelos caminhos do imanente" (p. 200).

Mas não são essas reflexões filosóficas, nem a tese de repúdio ao Poder assassino, que constituem o maior valor desse *Evangelho*. Saramago não é um grande pensador, é um grande romancista. O valor do livro, como o de qualquer obra de arte, está em sua feitura, naquilo que antigamente se chamava, sem pejo, de Beleza. E nessa beleza ainda reside o supremo bem, que Saramago nega à religião e à história. Por isso mesmo um fiel cristão pode apreciar, sem culpa, esse evangelho ateu. Como dizia o já citado Kierkegaard: "Pode-se discorrer sobre Abraão [ou sobre Jesus, diríamos aqui], pois as grandes coisas jamais provocam dano quando nós as encaramos com elevação; são como espada de dois gumes, um mata e outro salva" (p. 24).

Bela é a descrição do interior da gruta de Nazaré, com o sutil jogo de luz e sombras que só um grande ficcionista seria capaz de colocar diante de nossos olhos. Belas são as cenas menores que pontuam a narrativa, como esta: "Calhou estar o tempo como de rosas acabadas de colher, fresco e perfumado como elas, e as estradas limpas e amenas como se adiante andassem anjos salpicando de orvalho o caminho, para depois o varrerem com vassouras de loureiro e murta" (p. 405). Belo é o diálogo de Jesus com sua amada Maria Madalena: "Dias passados, Jesus foi juntar-se aos discípulos, e Maria de Magdala foi com ele, Olharei a tua sombra se não quiseres que te olhe a ti, disse-lhe, e ele respondeu, Quero estar onde a minha sombra estiver, se lá é que estiverem os teus olhos" (p. 429).

O lirismo de Saramago tem, no texto, a dosagem certa, e se este jamais descamba para o piegas é porque o romancista o contrabalança com outro registro em que é mestre, o da ironia e do humor. A velha história nos é contada com um à-vontade coloquial, com calculados anacronismos e muitas piscadelas de olho. Algumas dessas piscadelas são literárias. O autor de *O ano da morte de Ricardo Reis* continua dialogando com Fernando Pessoa. Este está presente aqui e ali, numa ou noutra alusão, e também pelo fato de o romancista ter, diante da história de Jesus e da religião decorrente, uma atitude muito semelhante à do poeta. Seu menino Jesus é muito próximo do de Caeiro, que "sequer tinha pai e mãe como as outras crianças", e cuja mãe "não era mulher:

era uma mala". A distinção entre Deus e Jesus, a desavença entre ambos, com simpatia por este e antipatia por aquele, é a mesma de Caeiro: "Dizia-me muito mal de Deus./ Diz que ele é um velho estúpido e doente [...]/ Tudo no céu é estúpido como a Igreja católica"; e o repúdio à Igreja é o mesmo de Ricardo Reis: "Não a ti, mas aos teus, odeio, Cristo". A sombra de Pessoa, que pressentimos ao longo do texto, explicita-se finalmente numa menção bem-humorada. Deus anunciara a Jesus a religião de Alá, tão desastrosa para a humanidade quanto o cristianismo: "do nevoeiro desceu uma voz que disse, Talvez este Deus e o que há de vir não sejam mais do que heterônimos, De quem, de quê, perguntou, curiosa, outra voz, De Pessoa, foi o que se percebeu, mas também podia ter sido, Da Pessoa" (pp. 387-8).

Raramente Saramago esteve tão iluminado, com a mão tão certa e o ouvido mais afinado. Os advogados de Deus poderiam dizer que, apesar de advogado do Diabo, ele está, no livro, em estado de graça. A narrativa flui com aquela simplicidade que só os clássicos conseguem fazer parecer fácil. Se Saramago escreveu um evangelho, foi talvez menos pelas questões aí contidas do que por uma afinidade prévia entre seu estilo e o dos evangelistas: a singeleza, a oralidade, a comunicação direta com o leitor-ouvinte, os diálogos encaixados na narração, o gosto pelos apólogos e parábolas, as imagens que ganham intensidade e universalidade por serem colhidas no real mais concreto, modesto e cotidiano.

O livro tem uma estrutura perfeita: termina com o reaparecimento de um objeto que, descrito no início, atravessa a história toda, sem que o leitor desconfie de sua importância simbólica. Esse objeto é a tigela negra, que aparece na descrição inicial de uma gravura de Albrecht Dürer, a mesma que será, no decorrer da história, oferecida a Jesus pelo Diabo, e que recolherá, na última frase, o sangue do crucificado.

Anos depois da primeira publicação do *Evangelho*, reli o romance com o mesmo encantamento. Se, da primeira vez, surpreendia-me que história tão conhecida pudesse ainda prender a atenção do leitor, surpreendeu-me então ainda mais que, conhecida a nova versão da velha história, esta ainda se leia com agrado. Certamente não são os eventos narrados que possuem essa virtude de prender o leitor. Também não é a tese da opressão exercida pelo Deus judaico sobre seus seguidores que nos mantém fascinados pelo livro; embora convincente e defendida com força, essa tese não é de todo original. Além disso, a condenação dos crimes cometidos pela Igreja católica através dos séculos não é uma causa que se abrace hoje como prioritária. O fanatismo religioso e seus malefícios manifestam-se, hoje, menos na Igreja católica do que em outras religiões e seitas. A adesão do leitor não é, portanto, necessariamente ideológica.

Resta então a pergunta: o que, nesse livro, fascina? De novo devemos reconhecer sua fatura, isto é, sua qualidade literária. O *Evangelho* é, primeiramente, uma obra construída com admirável rigor estrutural. A arquitetura do texto tem a solidez e o equilíbrio das belas construções: amplas linhas de força e preciosos pormenores; simetrias, complementaridades, oposições. O primeiro capítulo, com a descrição de uma gravura de Dürer representando o desenlace dos acontecimentos que serão narrados, dá o tom trágico do relato e contém não apenas as personagens principais, mas também os objetos que aparecerão ao longo da história, como elementos reais e simbólicos de seu entorno. Este primeiro capítulo é, assim, tanto a clave, no sentido musical do texto, como a paleta, em seu sentido plástico. Esse mesmo quadro, aqui imóvel, ganhará vida e movimento no último capítulo. O reaparecimento final da tigela é um sábio ponto-final, última nota ou pincelada, cujo efeito foi habilmente preparado ao longo do texto.

Na descrição da gravura, essa tigela é mais nobremente chamada de "taça", sustentada por um anjo, e recebe o sangue do "Crucificado". No decorrer da história, ela é ao mesmo tempo utensílio modesto e objeto mágico, elemento da trama e elemento simbólico. Nas últimas palavras do texto, ela está "posta no chão" e é apenas a "tigela negra para onde seu sangue gotejava". Lembramo-nos de que no fim do primeiro capítulo já se anunciava que a narrativa por vir diria respeito às "coisas da terra, que vão ficar na terra" (p. 18), acontecimentos sobrevindos a um homem com consequências extensas sobre a vida de outros homens. A história desse

Jesus não chega à Ressurreição; essa história foi, como programado, "posta no chão". Para os que acreditam na redenção divina, isso pode ser visto como um rebaixamento, mas para os que acreditam na redenção dos homens pelos próprios homens, deve ser visto como um apelo realista à reflexão e à ação histórica: "quando se tornou patente que Deus não vem nem dá sinal de chegar tão cedo, o homem não tem mais remédio que fazer-lhe as vezes e sair de sua casa para ir pôr ordem no mundo ofendido, a casa que é dele e o mundo que a Deus pertence" (p. 137).

Entre essas duas cenas, semelhantes e diversas — a primeira, imóvel porque é um quadro e porque é uma alegoria religiosa, a última, lenta e finalmente imobilizada pela morte muito humana —, decorre a história de Jesus. Esta é reconstruída com todas as características de uma boa história: personagens do bem, personagens do mal; anúncios, peripécias e reconhecimentos; fugas, amores, prodígios. Essa narrativa folhetinesca é trabalhada, nas mãos hábeis do romancista, com infinitas sutilezas. As personagens mostram-se, no convívio, complexas, nuançadas, contraditórias, comprovando que "cada um de nós é este pouco e este muito, esta bondade e esta maldade, esta paz e esta guerra, revolta e mansidão" (pp. 62-3). Os acontecimentos, embora fiéis à trama canônica fornecida pelos evangelistas, ganham explicações diversas das oficiais, são acrescidos de episódios secundários e desembocam num final que é o mesmo, do ponto de vista das ações, mas que é outro, no significado adquirido.

Acompanhando esses acontecimentos, sempre os mesmos e sempre outros, o leitor é seduzido pela arte de Saramago, cujas habilidades maiores são o "efeito de real" (Roland Barthes), a beleza plástica das imagens e a musicalidade da língua. O romancista consegue colocar o leitor dentro dos ambientes que descreve, pela concretude dos dados fornecidos e pela sugestão sensorial destes: as sombras projetadas por uma lamparina que se acende ou se apaga, as últimas brasas de uma fogueira ainda aquecida, o cheiro de carne ou de penas queimadas, o odor das mulheres, o sabor da água, do leite, do vinho, os rins martirizados da mulher grávida, os gritos dos caminheiros, todos os apelos ao "sujo corpo com que a límpida alma tem de viver" (p. 238). Por mais grandiosos e graves que sejam os acontecimentos narrados, nunca são esquecidos "os humildes pormenores da nossa vida quotidiana", como a necessidade de "tapar com palha amassada em barro as fendas do teto, pelas quais, durante a noite inteira, a água gotejara" (p. 179).

O realismo de Saramago decorre da familiaridade e da simpatia para com a "gente miúda" do campo e seus afazeres. A vida cotidiana da Galileia de dois mil anos atrás revela-se muito semelhante à do campo português em que o romancista passou a infância. Quando ele fala de burros ou de ovelhas, de oliveiras ou figueiras, estes não são meros elementos de paisagem de presépio, mas têm vida e presença sensível. Os artesãos e seus ofícios também são referidos com conhecimento de causa: "o manajeiro nem sequer virou a cabeça para ele, e decidiu dar uma rápida volta pela parte da construção em que tinha trabalhado, a despedir-se, por assim dizer, das tábuas que alisara, das traves que regulara, se tal identificação era possível, qual é a abelha que pode dizer, Este mel fi-lo eu" (p. 104).

Da mesma forma, as paisagens que pontuam a narrativa são descritas por alguém que desde sempre soube contemplar os espetáculos da natureza com vagar e atenção. Essas paisagens cumprem, na estrutura da narrativa, uma função que não é meramente ornamental. Elas conferem ritmo ao relato, fazendo-o passar da ação à imobilidade, da tensão à distensão. São repousos no desenrolar da história triste. São também variações de gênero discursivo, momentos de silêncio incrustados no rumor da trama narrativa, lirismo alternando com a épica. Não por acaso, a maioria delas se situa no cair da noite, quando as ações cessam e o silêncio se instala. Muitas dessas paisagens são pequenos poemas em prosa, epifanias como as que produzem a poesia. Vejam-se alguns exemplos:

> Nazaré é uma aldeia parda rodeada de silêncio e solidão nas sufocantes horas do dia, à espera de que venha a noite estrelada para poder ouvir-se o respirar da paisagem oculta pela escuridão e a música que fazem as esferas celestes ao deslizarem umas sobre as outras. (p. 41)

> Um cão ladrou longe, outros lhe responderam, mas o cálido silêncio da última hora da tarde ainda paira so-

bre a aldeia como uma bênção esquecida, quase a perder a sua virtude, o mesmo que um fiapo de nuvem que se esvai. (pp. 108-9)

Quando entrou em Séforis, a tarde declinava. As longas sombras das casas e das árvores, primeiro estendidas no chão e ainda reconhecíveis, iam-se perdendo aos poucos, como se tivessem chegado ao horizonte e aí se sumissem, iguais a uma água escura caindo em cascata. (p. 154)

Dormiam onde calhava, sem mais preocupações de conforto que o regaço do outro, alguma vez tendo por único teto o firmamento, imenso olho negro de Deus crivado daquelas luzes que são o reflexo deixado pelos olhares dos homens que contemplaram o céu, geração após geração, interrogando o silêncio e escutando a única resposta que o silêncio dá. (pp. 405-6)

Outro grande trunfo de Saramago é o caráter oral de seu relato. O narrador, representado ocasionalmente pelo pronome "nós", é um exímio contador de histórias, que sabe manter a atenção do leitor-ouvinte e angariar sua cumplicidade. Ele anuncia fatos vindouros, suspende e adia as informações. Dá sua opinião sobre as coisas: "milagre, milagre mesmo, por mais que nos digam, não é boa coisa, se é preciso torcer a lógica e a razão própria das coisas para torná-las melhores" (p. 75). Profere enunciados de sabedoria: "o deserto não é aquilo que vulgarmente se pensa, deserto é tudo quanto esteja ausente dos homens, ainda que não devamos esquecer que não é raro encontrar desertos e securas mortais em meio de multidões" (p. 77). Embora se apresente com a naturalidade do narrador popular, este tem a sofisticação de quem conhece "as regras do bem narrar" (p. 226), e faz comentários metanarrativos: "toda a história de Jesus que já conhecemos foi ali narrada, incluindo, até, certos pormenores que então não achámos que merecessem a pena, e muitos e muitos pensamentos que deixámos escapar, não porque Jesus no-los disfarçasse, mas simplesmente porque não podíamos, nós, evangelistas, estar em todo o lado" (p. 306).

Esse evangelista moderno atualiza as situações para um receptor do século xx. Segundo ele, José ignorava as "relações de trabalho" na construção civil, e a iniciação precoce de Jesus e outros meninos no ofício de carpinteiro "foi o que depois veio a chamar-se trabalho infantil" (pp. 132-3). O resultado dessa atualização é frequentemente um anacronismo de efeito humorístico: "Se por um atraso nas comunicações ou enguiço na tradução simultânea, ainda não chegou ao céu notícia de tais ordens, muito admirado deverá estar o Senhor Deus, ao ver tão radicalmente mudada a paisagem de Israel" (p. 51); "Golias só não foi para jogador de basquetebol por ter nascido antes do tempo" (p. 223); o anjo propõe a Maria "uma investigação de paternidade" (p. 310). Se alguma reserva se fizer a esse romance, poderia ser a de que Saramago abusa um pouco desses gracejos.

Mas seus anacronismos não são meras brincadeiras pós-modernas. Quando, em determinado ponto, o narrador se vale de conceitos psicanalíticos, "ousando imaginar sentimentos modernos e complexos na cabeça e um aldeão palestino nascido tantos anos antes de Freud, Jung, Groddeck e Lacan terem vindo ao mundo", ele se justifica tanto pelo fato de esses judeus terem bebido daquelas fontes antigas como pela razão, principal, de que "um homem, seja qual for a época em que viva ou tenha vivido, é mentalmente contemporâneo doutro homem duma outra época qualquer" (p. 198).

Certas aproximações temporais têm a função crítica de evocar reflexões políticas atuais. Assim, a revolta dos judeus contra os romanos é chamada de "intifada" (p. 138), e o diálogo do jovem Jesus com o escriba do templo nos faz imediatamente pensar na relação atual dos israelenses com os palestinos:

> [...] chegando nós um dia a ser poderosos, permitirá o Senhor que oprimamos os estrangeiros que o mesmo Senhor mandou amar, Israel não poderá querer senão o que o Senhor quer, e o Senhor, porque escolheu este povo, quererá tudo quanto for bom para Israel, Mesmo que seja não amar a quem se devia, Sim, se essa for, finalmente, a sua vontade, De Israel ou do Senhor, De ambos, porque são um, Não violarás o direito do estrangeiro, palavra do Senhor, Quando o estrangeiro o tiver e lho reconheçamos, disse o escriba. (pp. 208-9)

O diálogo com o leitor-ouvinte é permanentemente mantido, de modo que este se sente implicado no relato: "vieram a fazer do mendigo, que nunca chegaram a ver, um ladrão de casas, grande injustiça foi, que o anjo, *porém não digais a ninguém que o era*, aquilo que comeu não roubou" (p. 38); "*Não faltará já por aí quem esteja protestando que semelhantes miudezas exegéticas em nada contribuem para a inteligência de uma história afinal arquiconhecida*, mas ao narrador deste evangelho não parece que seja a mesma coisa" (p. 125); "Ananias, *que nem estava muito mal para a idade quando o conhecemos* [nós, isto é, narrador e ouvinte], hoje mais parece um velho" (p. 144); "O ar refrescou de repente, é bem possível que esta noite chova, mesmo não sendo o próprio da estação" (p. 172); "neste ponto teríamos de voltar a ouvir toda a história, o que, *tranquilizemo-nos*, não sucederá, em primeiro lugar porque o fariseu, não tendo de voltar a aparecer, não precisa conhecê-la, em segundo lugar porque *a conhecemos melhor nós do que ninguém*" (p. 203) [grifos meus].

A cooptação do leitor não se faz apenas pela via temporal, mas também pela espacial. O ouvinte virtual é indiciado como um português de nossos dias: "A mulher olhou em redor, como se buscasse onde sentar-se, mas uma praça de Belém de Judeia não é o mesmo que o jardim de São Pedro de Alcântara, com bancos e vista aprazível para o castelo, aqui sentamo-nos na poeira do chão" (p. 216). As mulheres dos pescadores evangélicos transformam-se de repente em mulheres da Nazaré portuguesa, proferindo rezas anacrônicas: "Ai o meu querido filho, Ai, o meu querido irmão [...] Senhora dos Aflitos, valei-nos, Senhora da Boa Viagem, acudi-lhes" (p. 333). Tais procedimentos têm o efeito de aproximar o leitor--ouvinte dos fatos narrados e de reforçar a cumplicidade do narrador com eles. E a oralidade do relato confere-lhe intensidade dramática: "Um bezerro cai fulminado pela choupa, meu Deus, meu Deus, que frágeis nos fizeste e que fácil é morrer" (p. 99); "Lembrar-me-ei, respondeu Maria, mas consigo mesma ia repetindo, O meu filho, não, o meu filho, não. O meu filho, sim" (p. 183).

Todos esses recursos — a coloquialidade, o diálogo com o leitor, os anacronismos — mantêm o leitor ligado. Entretanto, a dosagem desses recursos é feita de tal maneira que a história nunca se torna reles, nem perde sua grandeza, seu caráter mítico; a qualquer momento, e de modo imperceptível, ela volta ao registro alto, inspirado dos profetas e dos evangelistas. Não é fácil concorrer com os evangelistas canônicos na narração dessa história, nem quanto à intriga, nem quanto ao estilo, conciso e impactante no original.

Em numerosas passagens, Saramago mantém-se fiel ao texto dos Evangelhos. E o que ele aí exibe é sua prodigiosa habilidade de contar o já conhecido de modo novo, surpreendente, cheio de vida. Um exemplo é a narrativa sintética dos milagres de Jesus:

> Caminha, Levanta-te, Diz, Vê, Sê limpo, um subtil toque da mão, nada mais do que o roce suave da ponta dos de-

dos, ato contínuo a pele dos leprosos brilhava como o orvalho ao dar-lhe a primeira luz do sol, os mudos e os gagos embriagavam-se no fluxo torrencial da palavra libertada, os paralíticos saltavam do catre e dançavam até se lhes esgotarem as forças, os cegos não acreditavam no que seus olhos podiam ver, os coxos corriam e corriam, e depois, de pura alegria, fingiam-se de coxos para tornarem a correr outra vez. (p. 415)

Saramago, como grande escritor que era, não se contentou com a facilidade verbal de que era dotado, mas reflete sobre a linguagem que usou em sua obra. O narrador manifesta frequentemente consciência metalinguística, detendo o relato para comentar as palavras utilizadas: "excelente palavra esta, mas posta ao invés" (p. 76); "a palavra que define exatamente este novelo é remorso" (p. 122); "com as costas quentes pela companhia dos soldados, expressiva se bem que equívoca metáfora" (p. 137); "um ruído macio, se tais palavras, emparelhadas, fazem sentido" (p. 172). O conhecimento profundo da linguagem é acompanhado pela descrença em sua possibilidade de dizer tudo. Numerosas são as passagens do romance em que o silêncio é evocado: silêncio de Deus, silêncio dos homens. O primeiro é índice de sua inexistência ou indiferença. O segundo, ao contrário, é eloquente e comunicativo: "as palavras proferidas pelo coração não têm língua que as articule, retém-nas um nó na garganta e só nos olhos é que se podem ler" (p. 329). O *Evangelho* é um livro de luz e sombras, de ruído e de silêncios.

Em determinado momento do texto (p. 96), o narrador se refere a um "espírito voltaireano, irónico e irrespeitoso" que seríamos tentados a atribuir-lhe. Mas, na verdade, se a crítica à religião e a ironia de suas fábulas aproximam Saramago de Voltaire, há no escritor português uma compaixão pelas dores dos homens e uma ternura pelos seres vivos que estão ausentes no filósofo francês.

O Evangelho segundo Jesus Cristo cumpre uma função necessária no conjunto da obra de Saramago. Embora o romancista nos surpreenda, a cada livro, com tema e estilo novos, sua obra apresenta notável continuidade na reflexão acerca da História e das histórias dos homens, no passado e no presente que daquele resulta. E cada um de seus livros contém o germe dos seguintes. Assim, no *Evangelho* (1991), o belíssimo episódio da conversa de Jesus com Deus, no meio do nevoeiro, prenuncia, em alguns aspectos, o *Ensaio sobre a cegueira* (1995). O nevoeiro, claridade difusa e branca, representa a situação de desamparo e de impotência em que se encontra Jesus; e, para Saramago, a perda da lucidez e a inação constituem os maiores males de que possa sofrer o homem. E está citado, no *Evangelho*, o provérbio: "Não há cego tão cego como aquele que não quer ver" (p. 297).

Afloram também, nesse livro, considerações acerca da importância do nome, que define a peculiaridade de cada ser. Assim, Maria reflete sobre o nome de seu filho recém-nascido: "o menos importante de tudo ainda era o nome, poderia mesmo chamar-lhe menino toda a sua vida se não tivesse por certo que fatalmente outros filhos hão de nascer, chamar meninos a todos seria uma confusão como a de Babel" (p. 89). As coincidências de nome também são evocadas:

> São muitas as Marias na terra, e mais hão de vir a ser se a moda pega, mas nós aventurar-nos-íamos a supor que exista um sentimento de mais próxima fraternidade entre os que levam nomes iguais, é como imaginamos que se sentirá José quando se lembra do outro José que foi seu pai, não filho, mas irmão, o problema de Deus é esse, ninguém tem o nome que ele tem. (p. 328)

Fraternidade que levará Saramago a criar mais tarde, como um deus romancista (um deus que tem nome de homem), o Sr. José de *Todos os nomes* (1997).

Quase duas décadas depois de lançar *O Evangelho segundo Jesus Cristo*, José Saramago voltou a revisitar os textos sagrados, dessa vez os do Antigo Testamento. Em *Caim* (2009), ele reescreveu os principais episódios da Bíblia, da criação do homem ao Dilúvio.

Como em todos os seus livros, nele também Saramago expõe sua preferência pelas vítimas e pelos renegados. Desde 1978, em *Objecto quase*, ele manifestava simpatia pelo primogênito de Adão e Eva: "Não tarda que de todos os lados venham subindo os Cains, se não é injusto afinal chamar-lhes assim, dar-lhes o nome de um infeliz homem de quem o Senhor desviou a sua face, e por isso humanamente tirou a vingança de um irmão lambe-botas e intriguista" (pp. 27-8). Caim, para Saramago, é o homem comum marcado por Deus para a desgraça, enquanto Abel, que em *Caim* é filho de um anjo, pertence ao universo dos privilegiados por Deus.

"A história dos homens é a história de seus desentendimentos com deus, nem ele nos entende a nós, nem nós o entendemos a ele", comenta o narrador (*Caim*, p. 88). Em todos os episódios reescritos, o Deus de Israel é severamente condenado pelo romancista. Indignado com as atitudes irracionais e os abusos de poder do Senhor, ele o retrata de modo ainda mais negativo do que no *Evangelho*. Em sua aparição a Adão e Eva, Deus ostenta sua majestade de modo ridículo: "Vinha trajado de maneira diferente da habitual, segundo aquilo que seria, talvez, a nova moda imperial do céu, com uma coroa tripla na cabeça e empunhando o cetro como um cacete" (p. 16). Ao longo do romance, o Senhor é criticado e insultado pelo romancista, num crescendo de indignação: "o senhor não é pessoa em que se possa confiar" (pp. 78-9); Abraão é "tão filho da puta como o senhor" (p. 79). Quanto à ordem de matar o próprio filho: "se esse senhor tivesse um filho, também o mandaria matar, perguntou Isaac, O futuro o dirá, Então o senhor é capaz de tudo, do bom, do mau e do pior" (p. 82). Na última página do livro, Caim enfrenta Deus: "Teria de chegar o dia em que alguém te colocaria perante a tua verdadeira face [...]. Caim és, e malvado, infame matador de teu próprio irmão, Não tão malvado e infame como tu" (p. 172).

Tanto o *Evangelho* como *Caim* tratam dos desentendimentos de Saramago com a transcendência e a fé, e são os romances em que ele acerta suas contas com Deus, mostrando-o cada vez mais cruel. Comparado com a reescrita dos evangelhos, *Caim* é mais coloquial e chega a ser humorístico. Nele, o romancista se diverte com os anacronismos e outros chistes. Somos obrigados a reconhecer que, por ser francamente uma paródia, falta-lhe a beleza da escrita e a elevação das reflexões que fazem do *Evangelho segundo Jesus Cristo* uma obra-prima.

4. Formas da negação na ficção histórica de Saramago

Vários romances de Saramago aludem à História, ou porque a ação se situa em épocas passadas, ou pelo fato de as personagens lidarem com essa disciplina, ou porque o narrador a ela se refere. Entretanto, Saramago não era um "romancista histórico" tradicional, e as razões pelas quais não se pode qualificar simplesmente de "romance histórico" o gênero ao qual pertencem suas obras são evidentes. Quando se fala em "romance histórico", tem-se em geral como modelo a ficção do século xix. É evidente que os romances "históricos" de Saramago são muito diferentes desses, tanto em seus projetos como em sua escrita.

Saramago não busca transportar-se e transportar o leitor ao passado, por uma reconstituição de época pretendendo à objetividade, ao realismo ou ao pitoresco. Ninguém comentou melhor os romances "históricos" de Saramago do que Eduardo Lourenço: "A sua ficção nasce de um propósito de *re-escrever* uma história que já está escrita, e que como tal se vive ou é vivida como a 'verdade' de uma época ou de um mundo, ou da humanidade quando ela é a sua ficção *não inocente*" (p. 187). Segundo o crítico, há em seus romances "históricos" uma *"temporalidade neutralizada"*, na qual o passado é "ironicamente análogo" ao presente e "com ele se confunde" (p. 313).

Embora seja mestre em dar vida e ação aos dados documentais, reconstituindo ambientes e personagens de épocas passadas, Saramago também é mestre na desconstrução de todo realismo, seja pelos voluntários anacronismos, pelas bruscas mudanças de enunciador e de tom, pela mistura de registros altos e baixos, pela introdução de eventos fantásticos na trama oficial ou cotidiana, pela ironia ou pelo humor de seus autocomentários. Muitos desses procedimentos são conquistas da técnica romanesca de nosso século que o romancista utiliza com maestria.

Se os romances de Saramago diferem dos de Walter Scott ou dos de Alexandre Herculano, sua maneira de narrar acontecimentos passados também é diversa daquela que presidiu à criação da História como disciplina, no mesmo século XIX, e isso tem sido menos ressaltado pela crítica. Assim como o romance, a historiografia sofreu grandes transformações em nosso século, em seus princípios como em suas técnicas. Se Saramago fosse historiador, pertenceria à "nova história", cujas características foram sintetizadas por Paul Veyne em *Comment on écrit l'histoire* (1971): a história como discurso verbal onde só existe verossimilhança e não verdade, como escolha e valoração dos fatos pelo enunciador presente, como discurso incoerente e lacunar. À semelhança dos melhores historiadores contemporâneos, Saramago reconhece a impossibilidade da história total e a subjetividade inevitável do pesquisador. Como estes, ele opõe à história dos grandes eventos, narrada do ângulo do poder, uma história não evenemencial, história do cotidiano, dos atores secundários, dos vencidos. Desde a Escola dos Annales, da primeira metade do século xx, a historiografia tem adotado esses critérios. Convém lembrar que, antes de ser reconhecido como escritor, Saramago foi tradutor de *O tempo das catedrais*, obra de Georges Duby que o marcou profundamente.

Portanto, ele reescrever e contestar a história oficial, introduzir personagens do povo e lhes dar os papéis principais, comentar os acontecimentos do ponto de vista do presente, assumir a subjetividade do relato, nada disso é suscetível de escandalizar os novos historiadores; essas "novidades" só espantariam os leitores retardatários dos velhos romances históricos.

Por outro lado, os "romances históricos" de Saramago coincidem, em data, com outra voga, dita pós--moderna, mas pouco tem a ver com essa moda. Os "romances históricos" da pós-modernidade respondem a uma demanda de entretenimento e de turismo do tempo passado. O que os romancistas históricos pós-modernos reivindicam como novidade é, na verdade, ou anterior à modernidade, ou conquista desta. Suas técnicas, no que se refere à narração, à descrição, às características das personagens e aos diálogos, são frequentemente as do século XIX. Quanto às inovações, elas aí aparecem desprovidas de significado. A introdução de anacronismos, a paródia, o pastiche ou colagem de documentos são aí gratuitos. Sob pretexto da morte das ideologias e do fim dos grandes relatos, os romancistas ditos pós-modernos se permitem deixar a estrutura e a significação de suas obras mal definidas, mal amarradas, mal-acabadas, confundindo obra aberta com obra escancarada.

Nada disso ocorre na obra de Saramago, e é por isso que ele pode ser caracterizado como um grande romancista moderno — usando-se o termo "moderno" não no sentido pós-moderno de "superado", mas no sentido de uma reescrita e perlaboração da modernidade, buscando chegar às suas últimas consequências, tal como o propõe Jean-François Lyotard, em *Réécrire la modernité*. O que em Saramago é moderno se resume em palavras ausentes do vocabulário pós-moderno: projeto, construção, valor, moral.

Em várias entrevistas, o escritor português expressou seu apreço pela palavra "não": "A palavra de que eu gosto mais é 'não'" (entrevista em *Folha de S.Paulo*, 1991); "A palavra mais necessária nos tempos em que vivemos é a palavra 'não'" (entrevista em *Zero Hora*, 1997); "Devemos sempre introduzir um 'não' para confrontar o 'sim', que é o consenso hipócrita em que estamos mais ou menos vivendo" (entrevista em *Revista Tres*, 1998); "A palavra mais importante é 'não', saber dizer 'não' à injustiça, 'não' à desigualdade" (entrevista em *Turia*, 2001). Na verdade, todas as suas histórias são um "não" oposto à infelicidade histórica do homem. O ato rebelde de Raimundo Silva, em *História do cerco de Lisboa*, é emblemático cada vez que Saramago narra histórias da História. Em *Memorial do convento*, a rebeldia das personagens é um "não" oposto à opressão monárquica e religiosa. *O ano da morte de Ricardo Reis* é um "não" à ideologia escapista do heterônimo pessoano. *O Evangelho segundo Jesus Cristo*, um "não" às religiões que culpabilizam e sacrificam os homens. *A jangada de pedra*, um "não" à União Europeia. E assim por diante.

Do ponto de vista linguístico, a negação é uma modalidade da enunciação. Para haver uma negação é necessário que haja antes uma afirmação, proferida ou suposta. O discurso de um narrador, seja ele verídico ou ficcional, é normalmente assertivo: narra-se o que ocorreu ou o que se imagina ter ocorrido. O discurso do narrador só toma, vez ou outra, a forma negativa se houver afirmação subentendida.

Suponhamos, por exemplo, uma narrativa que comece por: "Naquele dia, fulano não fez a barba". A negação indica um ato excepcional e já o carrega de uma significação que será provavelmente esclarecida pela continuidade do relato. Supondo-se, como faço aqui, que os romances de Saramago são, em sua macroestrutura discursiva, um "não", devemos examinar quais as afirmações que eles contestam e as diferentes formas que podem, neles, assumir a negação.

O *Memorial do convento* é, entre outras coisas, a crítica satírica a um momento da história de Portugal — o reinado de d. João v — e a um evento relevante — a construção do convento de Mafra. Como bem o define Óscar Lopes:

> O colosso arquitetónico aparece claramente como expressão e produto de um dado absolutismo monárquico, de uma dada sociedade exteriormente pomposa, magnificente ou megalómana, e interiormente corroída de fraquezas, conflitos, hipocrisias, vícios ou podridões e assente na faraónica exploração e coacção da grande maioria. (p. 201)

O "não" proferido por Saramago no *Memorial do convento* está implícito em vários aspectos do romance. Esse "não" está, desde o início, no estilo em que ele reescreve seu "memorial". Os fatos históricos, atestados em documentos, não podem ser negados. Mas a maneira de os narrar pode modificar seu sentido. Assim, desde o início da narrativa, ao contrário dos documentos, o tom é desrespeitoso: "D. João, quinto do nome na tabela real, irá esta noite ao quarto de sua mulher, D. Maria Ana Josefa, que chegou há mais de dois meses da Áustria para dar infantes à coroa portuguesa e até hoje ainda não emprenhou" (p. 9). O que aí se narra é histórico. Mas o recorte dessa noite particular em que o rei *irá* (fatalmente, pois de fato foi) ao quarto da rainha não consta dos anais. Pouco a pouco, o relato histórico vai sendo ironizado e satirizado pela inclusão de dados indignos de uma crônica real — a cama "recozendo a cheiros e secreções", a rainha "enroscada como toupeira", os incômodos percevejos etc. — e pelo estilo pouco canônico do cronista — "Agora só falta colocar a cúpula de Miguel Ângelo [...]. Que espere. Por enquanto, ainda el-rei está a preparar-se para a noite". A ironia e a sátira estarão presentes ao longo de todo o texto.

O "não" aparece também no nível da ação. As personagens principais que, logo se verá, não são o rei e a rainha, mas os plebeus Blimunda e Baltazar, dirão "não", por seus atos, à ortodoxia religiosa, a todas as convenções hipócritas, a todas as ordens injustas e opressivas. O mesmo farão, em maior ou menor escala, as outras personagens positivas do romance. Como sempre acontece aos que dizem "não" à *doxa* dominante, elas passam, aos olhos da sociedade, por loucas, e aos olhos do poder, por perigosas, devendo então ser eliminadas.

Não resta nenhuma dúvida quanto ao lado conotado positivamente pelo narrador. Mais do que isso, em todo o seu relato vibra, nas entrelinhas, a indignação diante dos abusos do poder, e a compaixão pelas vítimas. É ainda Óscar Lopes que observa:

> Sente-se que a época de D. João V dói, por qualquer fundo motivo, a José Saramago. Como se tivesse passado pelos abarracamentos miseráveis dos 20 000, 30 000

69

ou 40 000 da 'Ilha da Madeira'; como se Blimunda ainda o amasse; como se Bartolomeu de Gusmão quisesse bem mais do que voar; como se algo transbordasse de um memorial tão denso de uma geração de há mais de dois séculos e meio, e ainda hoje não haja suficiente capacidade para conter esse excesso. (p. 208)

Não se trata, portanto, no *Memorial*, de uma negação no nível do enunciado, mas no da ação e, sobretudo, da enunciação. A negação num enunciado, segundo o linguista Émile Benveniste, é uma operação lógica que se exprime pela presença de uma partícula negativa no enunciado. O "não" que aqui atribuo a Saramago é a partícula assertiva "não", "substituta de uma proposição com a partícula 'sim', cujo estatuto ela partilha, nas formas que pertencem ao âmbito da enunciação" (pp. 84-5). O "não" do *Memorial* tem, como contrapartida, um "sim": ao amor, ao sonho, à arte. Um "sim" proferido pelas personagens em seus atos; pelo narrador no lirismo com que os refere e no caráter maravilhoso que lhes atribui.

Em *O ano da morte de Ricardo Reis*, é a realidade social e política de sua época que diz "não" à alienação do poeta. Esse descobre, duramente, que não é possível apenas contemplá-la. E quando ele afirma que o destino determina as ações humanas, o romancista, através de Pessoa, lhe diz que os homens devem "impedir que o destino seja destino", opondo-lhe um "não". Já em *História do cerco de Lisboa*, a negação está no âmago da trama e no próprio enunciado. Ao colocar a palavra "não" num discurso histórico, Raimundo Silva altera tanto a História como sua vida pessoal. Introduzir um "não" num discurso histórico é não apenas uma falsificação do texto, mas também uma maneira de contrariar a própria natureza desse tipo de discurso. Num ensaio linguístico sobre o discurso histórico, inspirado na Escola dos Annales, Roland Barthes diz:

> O estatuto de um processo pode ser assertivo, negativo, interrogativo. Ora, o estatuto do discurso histórico é uniformemente assertivo, consignativo; o fato histórico está ligado linguisticamente a um privilégio de ser; conta-se o que foi, não o que não foi ou o que foi duvidoso. Numa palavra, o discurso histórico desconhece a negação (ou conhece raramente, de maneira excêntrica). (p. 152)

É essa excentricidade que Saramago introduz em seu romance.

A intriga da *História do cerco de Lisboa* alegoriza a posição do próprio Saramago com relação à história de Portugal e dos homens em geral. O autor, como a personagem, não gosta dessa história na forma em que ela ocorreu, ou como os documentos atestam que ela ocorreu. A tentação de alterá-la é grande, mas também é total a consciência de que não se podem alterar os fatos passados. A alteração introduzida pelo revisor revela-se, na prática da reescrita, como difícil; e, afinal, ele tem de contentar-se com uma mínima alteração. Porque o fato presente de que a Lisboa em que ele escreve a nova versão *não* é mais uma cidade moura impede uma alteração total.

Assim, o revisor limita-se a introduzir uma pequena alteração: a de dizer que *alguns* cruzados não ajudaram os portugueses, fato que, mesmo hipotético, em nada muda o resultado: o massacre e a expulsão dos mouros. A grande alteração obtida por Raimundo Silva não é a da história passada de Portugal, mas a de sua própria história pessoal, que está no presente e tem futuro. O gesto corajoso de escrever "não" tem efeitos na vida do revisor, e não no texto do historiador traído, onde fica como mero erro lógico, em contradição com o resto do discurso, e de onde pode ser deletado facilmente por outro revisor. E a grande alteração obtida por Saramago está na maneira de ler e refletir sobre a "História Acreditada".

Embora, no romance, a negação esteja na própria trama e no enunciado, aí também ressoa, como no *Memorial*, o "não" geral da enunciação. É nítida a simpatia do narrador, e do próprio Raimundo, narrador em segundo (ou terceiro) grau, pelos mouros sitiados ("pobres deles, feridos e desgraçados"), e o repúdio pelos atos dos sitiantes. Esse repúdio se manifesta de modo muito sutil; por exemplo, na ironia que resulta de juntar, no discurso do Rei, as razões de ordem divina e civilizacional à proclamação de atos de barbárie: "foi toda a população passada à espada, homens, mulheres e meninos, sem diferença de idades e terem ou não terem armas na mão [...] e mais ainda não falei doutras melhores razões, que é contarmos nós, portugueses, com a ajuda de Nosso Senhor Jesus Cristo, cala-te, Afonso" (p. 154). Fica claro, entretanto, que os sitiados têm a simpatia do narrador, não por serem mouros, mas por serem, naquele momento, as vítimas.

Em *O Evangelho segundo Jesus Cristo*, Saramago diz "não" ao nosso mito fundador judeu-cristão. Mais do que isso, diz "não" a um Deus que sacrifica seu próprio filho e deixa que, em seu nome, corram rios de sangue através dos séculos. Esse "não", como era de esperar, foi o que custou mais caro ao escritor, que sofreu toda espécie de recriminação e de censura por causa dele. Como no caso do revisor do *Cerco de Lisboa*, o "não" do narrador não altera o fim da história. No nível da narrativa, o próprio Jesus tenta dizer "não" à sua morte anunciada, e ao futuro cruel dos homens, que de sua morte decorreria: "Não quero esta glória", diz ele a Deus; "Mas eu quero esse poder", responde-lhe Deus. A assertiva de Deus é mais forte do que a negativa de Jesus. O "não" nunca é vitorioso no nível da narrativa, mas ele se impõe no nível da enunciação, alterando a significação da história.

O "não" de *O ano da morte de Ricardo Reis* e de *Ensaio sobre a cegueira*, embora proferido pelo romancista contra os mesmos poderes opressores, é mais complexo no que diz respeito às personagens e suas ações. Nos dois romances, os protagonistas assumem uma postura de *denegação*, no sentido psicanalítico do termo. Ricardo Reis recusa-se a participar da história, pretendendo manter-se apenas como observador. "Não agir" é sua divisa, como a de Bernardo Soares, autor de uma das epígrafes do romance. Sua atitude é a da denegação do real: "o que eu não quero saber, não existe".

Ensaio sobre a cegueira não é um romance histórico, mas pode ser lido como um romance de antecipação, que relata um momento presente-futuro da humanidade. Suas personagens cegam porque denegam a própria cegueira; porque, como Ricardo Reis, não querem ver o que ocorre à sua volta, ou fazem de conta que não veem. Ressoa, em toda a parábola que é essa narrativa, a moral transformada em ditado popular: "O pior cego é o que não quer ver". O final do romance esclarece: "Por que foi que cegámos, Não sei, talvez um dia se chegue a conhecer a razão, Queres que te diga o que penso, Diz, Penso que não cegámos, penso que estamos cegos, Cegos que veem, Cegos que, vendo, não veem" (p. 310).

Tanto no caso de Ricardo Reis como no dos cegos, a denegação é fatal, porque aquilo que faz a infelicidade humana deve ser recusado, não apenas denegado como não existente. O enunciador dos dois romances diz "não" ao "não agir" e ao "não ver" de suas personagens. A negação de uma negação, como se sabe, produz uma afirmação. A afirmação (implícita) de Saramago é: agir é inevitável e necessário; ver é preciso. Se toda a sua obra é um dizer "não" à infelicidade dos homens, ela é um dizer "sim" ao seu contrário. Embora em suas narrativas, como na vida, a infelicidade seja constante, em todas elas são indicadas as possibilidades de a ela escapar: pelo amor, pela solidariedade, pela arte, pela recusa de pactuar com o status quo.

Saramago não era um otimista; ele era demasiadamente lúcido para o ser. O preço da visão aguçada é a amargura, como ele já observara no *Memorial do convento*: "A amargura é o olhar dos videntes" (p. 184). O *Ensaio sobre a cegueira* pode mesmo parecer, à primeira vista, um agravamento de seu pessimismo. Mas o próprio fato de continuar a dizer "não" à desgraça humana, nesse livro e nos outros, mostra que há alguma esperança. Se, por um lado, "a cegueira também é isto, viver num mundo onde se tenha acabado a esperança" (p. 204), as personagens resistem: "Enquanto puder, disse a rapariga dos óculos escuros, manterei a esperança, a esperança de vir a encontrar meus pais, a esperança de que a mãe desse rapaz apareça, Esqueceste-te de falar da esperança de todos, Qual, A de recuperar a vista" (p. 290). Lembremo-nos de que, no fundo da mítica caixa de Pandora, que despejou todos os males no mundo, ficou a Esperança.

Há, em Saramago, um permanente desejo de que a fatalidade brutal da história se detenha. É pelo "não" contraposto aos fatos históricos que o romancista deixa de ser historiador, opondo a liberdade da fabulação à fatalidade da História, escapando da lógica exclusiva do "sim" ou "não", que preside aos fatos passados e documentados. Os próprios documentos históricos, tantas vezes contraditórios entre si, abrem brechas por onde a fabulação pode esgueirar-se. Essas contradições, que tanto embaraço causam aos historiadores, obrigando-os a se lembrarem de que a História é um discurso, são, para o ficcionista, um convite ao exercício da imaginação. No real, as coisas estão submetidas à lógica mutuamente exclusiva do "sim" ou "não". Na literatura, que é apenas linguagem, mas linguagem com poder infinito de significância, as coisas podem ser e não ser, ao mesmo tempo. As coisas negadas, ao serem ditas, não desaparecem, apenas são confrontadas com as coisas afirmadas. Diferentemente das obras históricas, as ficções permitem "um infinito Talvez", que não deixa "pedra sobre pedra nem facto sobre facto" (*História do cerco de Lisboa*, p. 61). As ficções "fazem-se, [...] todas, com uma continuada dúvida, com um afirmar reticente, sobretudo a inquietação de saber que nada é verdade" (idem). Elas escapam, assim, ao determinismo da História.

Saramago não é historiador e não gosta nem do que os historiadores contam, nem da postura enunciativa destes, porque o enunciado do historiador é assertivo, onisciente, um enunciado que não assume em nome próprio a enunciação e, por isso, desconhece a negação. Como o enunciado de Deus, ou do esquizofrênico, segundo Barthes no ensaio citado, já que "ninguém está presente para assumir o enunciado". Observação semelhante à do narrador do romance: "[Raimundo Silva] não é historiador, categoria humana que mais se aproxima da divindade no modo de olhar" (p. 35) — e sabemos a desconfiança com que Saramago encara as divindades.

Raimundo Silva também não é romancista. Romancista é o narrador de sua história, o qual, desde as primeiras páginas do segundo capítulo do livro, já demonstra a diferença e a superioridade do relato literário com relação ao histórico. O despertar do almuadem, descrito pelo narrador com todas as circunstâncias e pormenores, é infinitamente mais rico do que seu registro histórico: "Não o tem descrito assim o historiador no seu livro. Apenas que o muezim subiu ao minarete e dali convocou os fiéis à oração na mesquita, sem rigores de ocasião, se era manhã ou meio-dia, ou se estava a pôr--se o sol, porque certamente, em sua opinião, o miúdo pormenor não interessaria à história" (p. 19). Em outro registro, este levemente humorístico, o narrador imagina os frequentadores da moderna "Leitaria A Preciosa" como mouros indignados e aliviados após a imaginária partida dos cruzados normandos (p. 67).

Refletir sobre a História é inseparável de refletir sobre si mesmo. É o que nos ensina a aventura de Raimundo Silva, como explica, melhor do que ninguém, o próprio Saramago:

> Ora, sendo a História, por excelência, o território da dúvida, e a mentira o campo da mais arriscada batalha do homem consigo mesmo, o que propus na *História do cerco de Lisboa,* por exemplo, foi uma confrontação directa entre indivíduo e História, um conflito em que uma pessoa comum, forçada pelas circunstâncias a interrogar tanto as falsidades como as alternativas da História, se

encontra frente a frente com as suas próprias mentiras, quer as que comete para com os outros quer as que organiza consigo mesmo. Ao procurar uma alternativa, lúdica neste caso, para uma certa lição da História, confronta-se com a necessidade, já não apenas lúdica, mas vital, de reconhecer-se a si mesmo como alternativa possível ao que antes havia sido, isto é, passar a ser outro mantendo-se idêntico. Ora, se não me engano, tanto serve isto para o indivíduo como para a História, caso em que, contrariando profecias e fantasias, a História, não só não teria chegado ao fim, como nem sequer teria ainda começado... (*Cadernos de Lanzarote I*, p. 188).

No ensaio aqui citado, Barthes observa que no discurso historiográfico tradicional, pretensamente objetivo, a ausência de signos do enunciador cria uma "ilusão referencial", um simulacro de neutralidade. Nesse discurso, também não há "signos de destinação", isto é, referências ao leitor. Já o enunciador de um discurso literário moderno, inspirado na História, assume sua subjetividade ideológica, que é a do presente com relação ao passado. Ora, Saramago submete a História, que não é mais do que uma narrativa acreditada, a um julgamento à luz do presente, ou seja, das últimas consequências dos fatos narrados. Assim sendo, o enunciador de seus "romances históricos" é um narrador que assume a responsabilidade de seu julgamento. Nesses romances, o leitor também é convocado a refletir sobre os fatos passados, com a visada pragmática de não repetir, no futuro, os erros ali representados. A liberdade da ficção é a liberdade da imaginação, a faculdade de inventar e de projetar um porvir mais satisfatório. *A jangada de pedra* tem uma epígrafe de Alejo Carpentier: "Todo futuro es fabuloso". Poderíamos inverter: toda fabulação é possibilidade de futuro.

5. A ficção como desafio ao registro civil

Desde que Balzac decidiu concorrer com o registro civil, a ambição dos romancistas tem sido a de criar o caos nessa respeitável instituição, insinuando em seus arquivos nomes de pessoas que jamais existiram, e que têm frequentemente existência mais verossímil, mais interessante e mais duradoura do que as existentes ou existidas. No início do século XIX, com a entrada da burguesia e da plebe no mundo até então seleto de pessoas cujas vidas mereciam a atenção dos cronistas, o campo de ação dos escritores ampliou-se de forma considerável.

No século XX, a explosão demográfica tornou o trabalho dos escreventes públicos muito mais difícil e aumentou a possibilidade de fraudes romanescas, numa progressão geométrica incontrolável. A angustiosa consciência de que já era quase impossível manter em dia o registro completo dos seres humanos foi, em parte, confortada pelo avanço tecnológico. Os mórmons de Salt Lake City foram os primeiros a se lançar na imensa empreitada de registar, em seus poderosos computadores, os nomes de todas as pessoas, mortas e vivas. Nos anos 1980, eles já tinham conseguido registar 18 bilhões de nomes. O objetivo dessa seita piedosa, intitulada Sociedade Genealógica da Igreja de Jesus Cristo dos Santos dos Últimos Dias, é salvar, por batismo póstumo, a alma daqueles que já morreram e garantir que a dos vivos esteja salva.

Ao pressentir a saturação da memória humana, vários escritores buscaram repertoriar, num projeto apocalíptico, o maior número possível de nomes, tentando assim mapear a história dos homens. Victor Hugo foi um desses ambiciosos arquivistas. Em *A lenda dos séculos* (1859), ele se dispunha a narrar "a epopeia humana, áspera, imensa — desmoronada". O escritor romântico pretendia recuperar uma visão divina, completa e absoluta, dos grandes homens e seus grandes feitos. Em a *Comédia humana* (1842), Balzac já era menos elitista ao desejar criar personagens representativas de todas as classes da sociedade francesa de seu tempo. Os escritores do século xx foram ainda mais longe. O iugoslavo Danilo Kis concebeu, no romance *Enciclopédia dos mortos*, uma fantástica biblioteca em que estariam registadas as biografias completíssimas de todas as pessoas que viveram vidas aparentemente insignificantes. A posição do romancista moderno não é mais a do demiurgo, mas a de um inventariante interessado e implicado na história dos homens comuns, desprezados pela História.

Há evidente semelhança entre o objetivo dos mórmons e o dos romancistas modernos, irmanados pelo desejo de conferir aos nomes uma vida permanente. Os mórmons pretendem resgatar do olvido o nome dos mortos, enquanto os romancistas dão existência a novos nomes, representativos de todos os esquecidos. Mas a ambição dos romancistas é ainda maior. Os nomes não lhes bastam, eles querem mais; querem saber e registrar a vida, as feições físicas e psicológicas, as experiências extraordinárias ou ordinárias, os sentimentos e os pensamentos que esses nomes escondem ou revelam. Eles desejam alcançar a verdade oculta cuja chave, às vezes, dão nos nomes que inventam, motivados pela maneira de ser da personagem.

Assim, o projeto dos romancistas se parece mais com a busca do nome nas culturas ditas primitivas. O povo guarani, por exemplo, dá um nome provisório aos recém-nascidos, e só mais tarde os batizam. Para tanto, realizam uma cerimônia durante a qual cantam e dançam por muitas horas, perguntando às divindades: "Diga-me de que região sagrada vem esta pessoa". Recebem então a revelação do nome verdadeiro, que exprime tudo o que a pessoa é em sua essência.

A epígrafe de *Todos os nomes*, de Saramago, parece proceder de uma convicção semelhante: "*Conheces o nome que te deram, não conheces o nome que tens* — Livro das Evidências". Para o escritor, entretanto, os nomes verdadeiros não provêm de nenhuma região sobrenatural, mas dos atos dos homens. Aliás, foi assim que um menino chamado José de Sousa, por iniciativa do escriturário, se tornou José Saramago.

A personagem central de *Todos os nomes* é o Sr. José, modesto escriturário da Conservatória Geral do Registro Civil. Um prenome comum e uma vida sem história: "na sua insignificante vida até o bom e o mau haviam sido raridade" (p. 36). Cumpridor exemplar de suas funções, nas horas vagas o Sr. José cultiva o hobby inocente de colecionar recortes sobre pessoas famosas, aquelas que têm nomes conhecidos e vidas interessantes. Como as informações são imprecisas e infinitas, ele resolve torná-las mais completas e confiáveis com a ajuda dos documentos da Conservatória.

Ao recolher, clandestinamente, os registros das pessoas famosas, o escriturário pega, por acaso, o documento de uma mulher desconhecida, e vê-se tentado a completar as parcas informações que tem em mãos. As diligências nesse sentido o levam a cometer sucessivas infrações ao regulamento e a protagonizar aventuras de que nunca se julgaria capaz. O livro é um romance policial, um romance de amor e um romance de aprendizagem; o Sr. José segue as pistas de uma pessoa, apaixona-se por ela sem a conhecer e transforma-se ao longo da busca. Três das mais clássicas categorias de romance se acham assim harmoniosamente fundidas, de maneira original.

Sob aparência de uma história banal, vivida por uma pessoa comum, *Todos os nomes* mobiliza as imensas questões da identidade, das relações entre os indivíduos, do amor, da verdade e da mentira, da vida e da morte, do poder divino ou institucional sobre o destino dos homens. A grande qualidade de Saramago é a de sugerir todas essas questões filosóficas com a naturalidade e a leveza que só um mestre do romance pode alcançar. E com o toque de humor que caracteriza os discursos dos sábios.

A questão da identidade é inerente à do nome. O nome é o rótulo que nos aplicam quando nascemos e que nos acompanha pela vida afora. Na sociedade contemporânea, há uma enorme massa de nomes desconhecidos, e uma pequena porção de nomes famosos, alguns durante quinze minutos, como disse Andy Warhol. A mídia faz crer que apenas as "celebridades" têm vida, amores e aventuras, e que todos os outros somente vegetam sem florir: "da gente vulgar ninguém quer saber, ninguém se interessa verdadeiramente por ela, ninguém se preocupa com saber o que faz, nem o que pensa, nem o que sente" (pp. 53-4).

Saramago hiperboliza esse contraste colocando o anônimo Sr. José como escriturário da repartição onde se encontram registrados todos os nomes. Seu trabalho é administrar nomes. Entretanto, ele intui que o nome não é a pessoa, que por trás deste há toda uma vida. Seu hobby indica que é essa vida que ele busca, para compensar sua própria privação. Ao encontrar o nome da mulher desconhecida e partir à sua procura, Sr. José abandona esse viver por procuração e começa a viver de fato, metendo-se em "loucas aventuras" (p. 104). Seus atos não o levam a encontrar pessoalmente a mulher desconhecida, mas a conhecer melhor a si mesmo e aos outros, a saber mais sobre as vidas e sobre a vida. Antes de sua aventura, Sr. José não se conhece como pessoa, mas apenas como cumpridor de sua modesta função social. A velha senhora, mais perspicaz do que ele, lhe diz: "Não parece um funcionário dessa Conservatória"; ao que ele responde: "É a única coisa que sou" (p. 64). O primeiro efeito de sua busca é verificar que a autoidentidade é uma ilusão. Espantado consigo mesmo, ele conhece a dúvida: "Este não pareço eu, pensou, e provavelmente nunca o havia sido tanto" (p. 108). Reconhece que não é uno, que é pelo menos duplo: "um Sr. José que perdera o sentido das responsabilidades, outro Sr. José para quem isso se tornara totalmente indiferente" (p. 113). E acaba por saber quem de fato ele é, ou seja, o nome que realmente tem, ou que seus atos lhe conferem.

Os desdobramentos da identidade se evidenciam, em primeiro lugar, nos diálogos interiores. A identidade nunca é uma solidão, porque o homem é um ser de linguagem e o sujeito só pode constituir-se na relação com o outro, seja este real ou imaginário, exterior ou incorporado no próprio sujeito. A transformação da personagem é marcada por uma mudança na enunciação. Deixando de ser falado por um narrador não representado, que se exprime num tom muito semelhante ao das autoridades, ora louvando, ora reprovando as ações, Sr. José passa a narrar ele mesmo sua história, assumindo-se como sujeito de seus atos. Entretanto, o episódio final é relatado pelo narrador onisciente, deixando em suspense essa assunção subjetiva do relato. A volta à narrativa na terceira pessoa seria, então, o acesso a uma sabedoria que não é individual, mas pertencente a todos? O apagamento dos nomes próprios, no romance moderno, indicia a dúvida geral acerca da identidade que acomete "o homem da multidão" (como em Edgar Allan Poe e Charles Baudelaire) ou "o homem do subsolo" (em Fiódor Dostoiévski) na sociedade. No início da narrativa, Sr. José é um homem obscuro e solitário que só tem relações de serviço e que cria para si mesmo uma sociedade fictícia de pessoas famosas. Desde o instante em que começa sua busca, ele passa a se relacionar com pessoas reais. Embora sua intenção seja apenas inquiridora, ele se depara com impulsos e sentimentos alheios que o forçam à relação intersubjetiva, que lhe trazem surpresas, emoções e lições de vida: a mulher comum que teme o marido mas acaba por aceitar leve cumplicidade com o escriturário; o enfermeiro de quem ele depende quando está doente; o diretor do colégio de quem obtém mais do que simples informações; a velha senhora que lhe confia o segredo de sua vida e lhe dá sábias lições. Nenhuma dessas pessoas tem nome, no romance, provando que a vida e a sociabilidade independem dele, e que só a ordem social dele necessita.

 A questão do nome está ligada à questão do poder. Os homens podem viver e se relacionar sem nomes, mas a sociedade os exige como forma de reconhecimento de sua existência e de controle de seus atos. A Conservatória Geral do Registro Civil é a instituição encarregada de conferir essa existência oficial e de manter seu controle. Como uma alegoria dos poderes sociais, dentro da Conservatória há distribuição de funções que vai desde os auxiliares de escrita até o chefe, passando pelos oficiais e subchefes, uma hierarquia representada fisicamente pela disposição das mesas. A geometrização desse espaço, as trocas de papéis e de olhares são uma verdadeira cenografia das relações humanas regidas pelo poder, que Saramago anima com maestria.

O maior representante do poder é, evidentemente, o chefe. Este é uma das personagens mais notáveis do romance, pelo fato de o autor lhe ter dado todas as características esperadas para seu papel e, no entanto, ter feito com que ele evoluísse de modo inesperado. O chefe exibe, no início, "indiferença autoritária" e "poder seguro de si mesmo" absolutamente odiosos. Por seus próprios discursos, ficamos sabendo que suas ordens são leis incontestáveis, que ele é "a única pessoa [...] que não comete faltas" e "o único que tem direito de desviar os olhos" (p. 76). O poder do chefe é reconhecido e aceito por seus subordinados, inclusive e sobretudo por Sr. José, que assim se refere a ele: "o meu chefe [...] sabe de cor todos os nomes que existem e existiram, todos os nomes e todos os apelidos [...]. O cérebro de um conservador é como um duplicado da Conservatória" (p. 60).

Esse chefe, exacerbado até a caricatura, começa a contrariar a imagem que dele temos a partir do momento em que Sr. José empreende sua rebelião secreta e, em consequência desta, fica doente. A gradação das atitudes do chefe é de extraordinária sutileza psicológica, e sua evolução é expressa por mínimas mudanças comportamentais. Sem sair jamais de sua posição de chefia, o conservador vai sendo modificado pelas aventuras do subordinado. Como onisciente que deve ser, percebe tudo o que ocorre, mas, em vez de punir, mostra-se capaz de simpatia, de receber sugestões, mudar de ideia e pactuar com o subordinado. Revela-se, afinal, um homem, e não um deus como pretendia ser e como era encarado. Entretanto, a evolução do chefe não nos deve induzir a conclusões ingênuas acerca do poder e sua derrubada. Depois de exibir sua nova imagem, o "conservador voltara a ser o chefe que conheciam desde sempre, sobranceiro e irónico, implacável nos juízos, rigoroso na disciplina" (p. 202). Pelo menos na aparência, que é essencial ao exercício da autoridade.

O poder, que é um dos temas maiores da obra de Saramago, é aqui tratado com saber profundo de seu funcionamento. O poder não é o apanágio de um indivíduo ou de uma classe, mas está infiltrado em todos os comportamentos humanos (como o mostraram, entre outros, Hannah Arendt, Michel Foucault e Roland Barthes), e é por isso que ele é perigoso. Para conseguir as desejadas informações, o até então humilde Sr. José redige uma credencial falsa vasada em termos surpreendentemente autoritários:

A redação da credencial, o estilo, o vocabulário [...] mostram à saciedade que o seu autor é pessoa extremamente autoritária, dotada de carácter duro, sem flexibilidade nem abertura, seguro da sua razão, desprezador da opinião alheia, como mesmo uma criança poderia facilmente concluir da leitura do texto [...]. Trémula de susto, tendo a duras penas acabado de ler o impressionante papel, a tal criança correu a proteger-se no regaço da mãe, perguntando-lhe como foi possível que um auxiliar de escrita como este Sr. José, tão pacífico de seu natural, tão cordato de costumes, tenha sido capaz de conceber [...] a expressão de um poder a tal ponto despótico, que é o mínimo que deste se pode dizer. A assustada criança ainda terá de comer muito pão e muito sal antes de começar a aprender da vida, nessa altura já não a surpreenderá descobrir como, chegada a ocasião, até os bons podem tornar-se duros e prepotentes. (p. 56)

O estilo dos documentos oficiais toma "naturalmente" a feição do poder que eles representam. E qualquer pessoa, ao assumir esse estilo, corre o risco de se afeiçoar a esse tom e se instalar no lugar da autoridade. Só um inocente não sabe disso, e o suposto susto dessa criança imaginária deve servir de alerta. Aqui, como em todos os níveis da narrativa, há referências a aprendizagem e à sabedoria que a vida e o tempo podem conferir aos homens.

A relação de Sr. José com o chefe, que de início evoca a relação das personagens de Kafka com os representantes do poder, acaba por parecer-se mais com a que Herman Melville descreve na pequena obra-prima intitulada *Bartleby, o escrivão* (1853). Como Sr. José, Bartleby é um escriturário insignificante que se eleva à categoria de pessoa soberana por pequenos atos de subversão tranquila. A rebelião de Bartleby se resume a responder às ordens com a frase: "Prefiro não fazer". Essa pequena sentença desmonta todo o funcionamento do escritório em que trabalha e leva o chefe a uma salutar perplexidade, que o humaniza. As últimas palavras do texto de Melville são: "Ah, Bartleby! Ah, humanidade!". *Todos os nomes* se junta, desde já, a *Bartleby*, como apólogos maiores das relações entre chefes e subordinados, e da subversão do poder pela dignidade da pessoa.

A história de Sr. José é uma história de amor, e sobre este sentimento ela também se mostra sabedora. O escriturário procura a mulher desconhecida com a qual, aparentemente, almeja viver uma relação amorosa. Mas desde o início fica claro que a busca é seu próprio objeto, o que é verdadeiro sobretudo no amor, cujo objeto é sempre imaginário. Sr. José rejeita os caminhos mais simples, como a consulta à lista telefônica, receando o desenlace de sua pesquisa. Em seu diálogo interior, reconhece: "tu não queres encontrá-la em pouco tempo, talvez nem em muito" (p. 69). Respondendo à pergunta personificada, que habita em sua própria cabeça, ele revela sua relutância e sua perplexidade:

Amanhã vais a casa da mulher, não sou capaz de imaginar que conversa será a vossa, mas ao menos tirarás daí o sentido, Provavelmente não quererei falar-lhe quando a tiver diante, Sendo assim, por que é que a procuras, por que é que andas a investigar-lhe a vida, Também ando a juntar papéis sobre o bispo e nem por isso estou interessado em falar algum dia com ele, Parece-me absurdo, É absurdo, mas já era tempo de fazer algo absurdo na vida, Queres tu dizer-me que se chegas a encontrar a mulher, ela não vai saber que a procuraste, É o mais certo, Porquê, Não sei explicar. (p. 80)

Quando Sr. José "encontra" a mulher desconhecida, esta já está morta. Entretanto, a busca não foi malograda. O escriturário viveu uma intensa história de amor, e a desconhecida, pela qual ninguém se interessava, tornou-se conhecida e lembrada para além da morte, sugerindo que todas as pessoas desconhecidas merecem interesse e lembrança afetuosos. E ainda mais: a aventura confere à personagem e aos leitores sabedoria ampliada: "sabendo nós, enfim, que o que dá o verdadeiro sentido ao encontro é a busca e que é preciso andar muito para alcançar o que está perto" (p. 67).

A busca de Sr. José decorre, fundamentalmente, em três cenários: a Conservatória, o colégio e o cemitério. Esses lugares são tão importantes no romance quanto as personagens, merecendo descrições e comentários mais extensos do que elas. Há nos três profundas semelhanças.

Descrita de modo hiperbólico, com traços de fantástico em que o terror se atenua com humor, a Conservatória é monumento e ruína, caverna pré-histórica e catedral. Para seus funcionários, o edifício é um microcosmo ideal, "mundo e centro do mundo" (p. 27); "lá onde tudo esteve, está e há de continuar a estar para sempre ligado a tudo, aquilo que ainda é vivo àquilo que já está morto, aquilo que vai morrendo àquilo que vem nascendo, todos os seres a todos os seres, todas as coisas a todas as coisas" (p. 149). Ela é a conservadora de uma história que se quer completa e imutável, pretensão que se mostra constantemente ameaçada. Como os homens cujos nomes ela guarda, a Conservatória está sujeita à irracionalidade das leis biológicas que entregam seus papéis ao bolor e às traças, à passagem inexorável do tempo e ao desaparecimento final.

Vista inicialmente por Sr. José como uma instituição perfeita e completa, a Conservatória vai revelando, pouco a pouco, suas falhas e insuficiências:

> À Conservatória só interessa saber quando nascemos, quando morremos e pouco mais, Se nos casámos, nos divorciámos, se ficámos viúvos, se tornámos a casar, à Conservatória é indiferente se, no meio de tudo isso, fomos felizes ou infelizes [...] o pior que tem a Conservatória Geral é não querer saber quem somos, para ela não passamos de um papel com uns quantos nomes e umas quantas datas. (pp. 189-90)

Essas reflexões vão abrindo caminho para que a pretensão totalitária da Conservatória possa ser contrariada pelas fraudes humanas.

Ao mesmo tempo, o colégio, visitado clandestinamente à noite, tem perturbadoras afinidades com a Conservatória. A escuridão fosforescente das salas lembra a "pálida luz eternamente suspensa sobre a mesa do conservador, que as trevas rodeavam e pareciam estar a ponto de devorar" (p. 93). Na sala do diretor ausente, Sr. José se sente como diante do chefe, que como todas as autoridades está sempre na iminência de infantilizar os subordinados e aplicar-lhes "o merecido castigo" (p. 95). Para chegar aos arquivos, ele tem de subir escada tão vertiginosa quanto a da Conservatória. A comparação entre os dois prédios é insistentemente sugerida e rejeitada pela personagem, que é afinal obrigada a reconhecer certa superioridade do colégio, pelo fato de suas fichas mostrarem a fotografia dos alunos: "Na Conservatória Geral não era assim, na Conservatória Geral só existiam palavras, na Conservatória Geral não se podia ver como tinham mudado e iam mudando as caras, quando o mais importante era precisamente isso, o que o tempo faz mudar, e não o nome, que nunca varia" (p. 108). Embora virtualmente totalitário, pelo aspecto catalogador e disciplinar, o colégio é um lugar mais próximo da vida do que a Conservatória Geral.

Conhecida finalmente a verdade sobre a mulher desconhecida, morta e suicida, Sr. José sente a necessidade de buscar, num terceiro espaço, um saber e um fazer que não se esgotaram naquilo que Aristóteles chamava de "reconhecimento": passagem do ignorar ao conhecer. Esse lugar é o cemitério. A analogia entre o cemitério e a Conservatória se evidencia logo na primeira frase do capítulo: "Entra-se no cemitério por um edifício antigo cuja frente é irmã gémea da fachada da Conservatória do Registo Civil" (p. 204). A semelhança torna-se cada vez mais evidente: "Tal como a frontaria, o interior do edifício é uma cópia fidelíssima da Conservatória, devendo em todo o caso precisar-se que os funcionários do Cemitério Geral costumam afirmar que a Conservatória do Registo Civil é que é uma cópia do Cemitério" (pp. 209-10).

Mais do que analogia formal, a relação entre a Conservatória e o cemitério é de complementaridade: "a Conservatória do Registo Civil, bem vistas as coisas, não passa de um afluente do Cemitério Geral" (p. 209). Na verdade, essa afirmação poderia ser revertida, mantendo sua validade, já que a precedência de uma ou outra instituição não passa de uma "emulação profissional" entre seus respectivos funcionários que, no fundo, "sabem que andam a cavar nos dois extremos da mesma vinha, esta que se chama vida e está situada entre o nada e o nada" (idem). Embora a Conservatória mantenha o registro dos homens vivos, tal como o cemitério ela lida com objetos de que a vida está ausente; papéis e ossos são cinzas virtuais.

A densidade da experiência vivida por Sr. José no cemitério e a riqueza simbólica do relato dessa experiência revelam-se, à uma leitura atenta, como que inesgotáveis. Ao mesmo tempo, essa densidade e essa riqueza convidam a crítica à prudência. Assinalar, por exemplo, que a noite passada no bojo e uma oliveira, em posição fetal, é uma gestação, que as trevas noturnas e a luz do sol têm a ver com ignorância e revelação, com mentira e verdade, é dizer de modo unívoco aquilo que ali está dito de um modo em que aparece a diferença entre significância e significado. A significância, cintilação infinita do sentido, é própria da linguagem poética, enquanto a linguagem da crítica tende frequentemente a fixar significados imóveis. Funções diversas da linguagem, que o próprio romancista define, usando outra terminologia:

> Ao contrário do que em geral se crê, sentido e significado nunca foram a mesma coisa, o significado fica-se logo por aí, é direto, literal, explícito, fechado em si mesmo, unívoco, por assim dizer, ao passo que o sentido não é capaz de permanecer quieto, fervilha de sentidos segundos, terceiros e quartos, de direções irradiantes que se vão dividindo e subdividindo em ramos e ramilhos, até se perderem de vista, o sentido de cada palavra parece-se com uma estrela quando se põe a projetar marés vivas pelo espaço fora, ventos cósmicos, perturbações magnéticas, aflições. (p. 129)

A interpretação dos símbolos corre o risco da tautologia, pois muitos deles são preconcebidos e explicitados pelo escritor. Os que mais interessam são os sentidos "terceiros e quartos", que perturbam e ultrapassam as intenções do escritor e permanecem virtualmente abertos, para ele mesmo e para os leitores.

No cemitério, encontramos, junto com Sr. José, a personagem mais enigmática de todas as que figuram dessa narrativa: o pastor. Desde *O Evangelho segundo Jesus Cristo*, os leitores de Saramago aprenderam a desconfiar de seus pastores, que são anjos disfarçados, cuja maior ambiguidade não é o sexo, mas a sua pertença ao Bem ou ao Mal. Esse pastor que agora encontramos tem, a mais, a ambiguidade do fantástico, já que, embora espantoso naquele cemitério, não é, entretanto, sobrenatural.

Como todas as personagens do romance, ele surpreende, revelando-se diverso do que parecia ser. "Neste lugar [diz o pastor] nem tudo é o que parece" (p. 230). Perverso, o pastor troca os números das sepulturas; benigno e compassivo, ele o faz porque "a morte, assim, é uma farsa" (p. 231). Nomes e números são convenções arbitrárias, nuns e noutros as pessoas estão ausentes. Anjo da Morte, ele é também Anjo da Vida: "A morte é sagrada, A vida é que é sagrada, senhor auxiliar de escrita" (idem). Ele serve à vida, na medida em que perpetua a lembrança dos mortos, confundidos para além da existência individual. Como havia dito a velha senhora: "o processo de uma pessoa é o processo de todas" (p. 61).

Nesse romance de aprendizagem, o pastor é o sábio que dará, a Sr. José, as maiores lições. Idoso, como devem ser os sábios, ele é paciente com o aprendiz: "Compreendo que um auxiliar de escrita da Conservatória do Registo Civil tenha dessas ideias acerca dos nomes" (p. 232). O pastor não se identifica, porque ele é uma figura alegórica: "Quem é você, Sou o pastor destas ovelhas, Nada mais, Nada mais" (p. 233). As ovelhas, multitudinárias e iguais, sugerem a imagem do rebanho humano ao qual o Pastor traz a Verdade e a Vida. Dessacralizado, esse pastor traz o que basta aos homens, não o conhecimento e a vida eterna, mas uma sabedoria útil à sua existência passageira.

A lição maior que ele dá a Sr. José está nestas palavras: "Não creio que haja maior respeito do que chorar por alguém que não se conheceu" (p. 231). Ora, o que fez o romancista Saramago senão perpetuar a memória dos mortos conhecidos, levantando-os do chão de terra para ressuscitá-los no céu das palavras, ou chorar pelos mortos desconhecidos que sofreram os martírios da religião, as perseguições inquisitórias, a exploração abusiva de sua força de trabalho ou a cegueira alienante, transformando-os em personagens para sempre vivas? A tarefa que Saramago assume é a de manter vivos os mortos, de dar sentido à vida com a memória histórica, misturando assim mortos e vivos, como decide fazer finalmente o chefe: "nós os que escrevemos e movemos os papéis da vida e da morte, reunamos em um só arquivo, a que passaremos a chamar simplesmente histórico, os mortos e os vivos [...]. Assim como a morte definitiva é o fruto último da vontade de esquecimento, assim a vontade de lembrança poderá perpetuar-nos a vida" (p. 201).

Nesse romance, como em todos os de Saramago (ateu profundamente religioso, como ele mesmo admitia), coloca-se a questão do Deus ausente: "o documento que mais procurado tem sido desde que o mundo é mundo, nem mais nem menos que o registo oficial do nascimento de Deus" (p. 34). Em *As grandes correntes da mística judaica* (1972), Gershom Scholem informa que, no século XIII, o cabalista espanhol Abraão Abulafia concebeu o método "O caminho dos nomes", que tinha como objetivo encontrar o verdadeiro nome de Deus. Saramago não busca o nome de Deus, busca os nomes dos homens e, como em todos os seus livros, sobretudo os nomes dos homens comuns que os cemitérios devoram, as histórias oficiais ignoram e as conservatórias entregam às traças. O desafio ao registro civil é o desafio à morte, ao esquecimento e ao Deus ausente.

O Deus ausente tem diversos avatares: o conservador todo-poderoso e onisciente, que tem poder de legislar e punir; o teto que tudo vê, tudo sabe e com o qual Sr. José dialoga em busca de respostas; e o pastor que reordena o mundo dos mortos. Como nos outros romances, é afinal o homem que toma o lugar de Deus. É o próprio Sr. José que, apoiado pelo chefe, decide finalmente manipular a vida e a morte, tornando-se, de fato, aquilo que pretendia ser: "o verdadeiro senhor dos arquivos" (p. 27). Quem sabe mais no romance de Saramago são os homens que já viveram muito e que pertencem àquilo que miticamente se chama "o povo". A abundância, em *Todos os nomes*, de máximas e provérbios populares indicia, apesar das prudentes reservas com que são citados, essa crença na sabedoria comum dos homens simples.

Num outro nível, é o próprio romancista que assume o lugar daquele Deus ausente. A tendência catalogadora de tantos escritores modernos, que referi no início, decorre do desejo de inventariar um mundo fadado ao desaparecimento, já que nem na memória de Deus se pode mais confiar. Na era digital, a ambição do conhecimento total é assumida pela internet. Entretanto, a vertiginosa massa de informações on-line ou na "nuvem" carece de uma ordenação, ou pior, como ela é indiferente aos valores humanos, pode ser posta a serviço dos poderes, políticos e econômicos.

Como os ingênuos colecionadores, e com maiores recursos do que estes, os romancistas inventariam as coisas do mundo: "por não conseguirem suportar a ideia do caos como regedor único do universo, por isso, com as suas fracas forças e sem ajuda divina, vão tentando pôr alguma ordem no mundo" (pp. 22-3). A ambição maior dos romancistas seria a de fixar em palavras tudo e todos, a de representar o mundo num mapa em "escala um por um" (p. 215). A escala "um por um" conservaria as particularidades e os valores.

Numerosas são as listas contidas em *Todos os nomes*: listas virtuais, como a dos nomes da Conservatória, listas reais como a telefônica, e sublistas, como as de pessoas famosas, a do material escolar e de primeiros socorros, e sobretudo a de formas tumulares, no cemitério:

um catálogo perfeito, um mostruário, um resumo de todos os estilos, sobretudo de arquitetura, escultura e decoração, e portanto um inventário de todos os modos de ver, estar e habitar existentes até hoje, desde o primeiro desenho elementar de um perfil de corpo humano, depois aberto e escavado a picão na pedra viva, até ao aço cromado, aos painéis refletores, às fibras sintéticas e às vidraças espelhadas. (p. 217)

A lista de estilos que o escritor apresenta em seguida é uma demonstração não apenas de seu conhecido talento verbal, mas também dessa ambição que dormita em todos os homens e que move os filósofos, os cientistas e os romancistas: "a satisfação e o orgulho de ter ficado a conhecer tudo" (pp. 26-7).

Todos os nomes remete, afinal, a todas as palavras que os homens dizem e os escritores fixam. A evocação da Biblioteca total, sonhada por Borges, não poderia faltar a essa reflexão. A essa metáfora, Saramago acrescenta preciosas variantes, como a de imaginar os homens enterrados de pé, lado a lado, com um cubo sobre a cabeça "em que se relatariam, nas cinco faces visíveis, os factos principais da vida do falecido, cinco quadrados de pedra como cinco páginas, resumo do livro inteiro que tinha sido impossível escrever" (p. 219). A evocação da biblioteca vem logo a seguir: "há mesmo quem afirme que um Cemitério assim é como uma espécie de biblioteca onde o lugar dos livros se encontrasse ocupado por pessoas enterradas" (p. 221).

A comparação dos homens com livros vem sendo cultivada desde a Antiguidade e tornou-se frequente na Idade Média. Em *Literatura europeia e Idade Média latina* (1957), Ernst Robert Curtius cita Albano: "Toda criatura do mundo é para nós como que um livro, um quadro ou um espelho". Em nossa cultura judaico-cristã, a imagem do livro completo e total é sempre apocalíptica. Segundo Curtius, Tomás de Celano, monge poeta do século XIII, diz que no dia do Juízo Final "será trazido o livro escrito que contém tudo aquilo por que o mundo será julgado". Em nossa modernidade ateia, o livro total é a história dos homens, e a conservação e o julgamento dessa história não competem mais a Deus, mas aos próprios homens.

Saramago, como outros escritores modernos que sonham com o livro total, sabe que essa ambição é vã. Em seus últimos romances, e sobretudo em *Todos os nomes*, ele se mostra cada vez mais autoirônico, isto é, cada vez mais sábio. A enumeração dos estilos de túmulos, texto de virtuosismo e fôlego espantosos, revela-se irônica pelo fato de esse inventário ser o de um mundo morto e pelo admirável fecho da passagem: "cruzes inteiras e cruzes partidas, escadas, pregos, coroas de espinhos, lanças, triângulos enigmáticos, alguma insólita pomba marmórea, bandos de pombos autênticos voando em círculo sobre o campo santo. *E silêncio*" (p. 218, grifo meu). O silêncio é o da morte, mas é também o do reconhecimento, pelo romancista, da vanidade das belas palavras, mesmo daquelas de que ele tem o dom. O barroquismo ornamental dos livros anteriores ao *Ensaio sobre a cegueira* encontra aqui sua autocrítica, num *memento moris* de grande simplicidade e beleza. A totalidade permanecerá sempre inatingível, o homem moderno caminha no mundo como num labirinto. Labirínticos são a Conservatória, o cemitério e até mesmo o colégio quando visitado às escuras. Os romancistas não podem dizer o todo, o homem não pode saber tudo. A busca é, porém, sua forma de resistência e a marca de sua dignidade. O homem busca no escuro, mas desafia os deuses roubando seu fogo. Assim como o Sr. José nas últimas palavras do livro, que "entrou na Conservatória, foi à secretária do chefe, abriu a gaveta onde o esperavam a lanterna e o fio de Ariadne. Atou uma ponta do fio ao tornozelo e avançou para a escuridão" (p. 269). As palavras alinhadas pelos grandes romancistas podem ser, para nós leitores, fios de Ariadne.

TEXTO DE ORELHA PRESENTE NAS EDIÇÕES
DE *TODOS OS NOMES* DA COMPANHIA DAS LETRAS

"E agora, José?" Depois da festa barroca do *Memorial do convento*, depois do grave diálogo com as máscaras pessoanas em *O ano da morte de Ricardo Reis*, depois do processo de Deus lavrado em milagre estilístico em *O Evangelho segundo Jesus Cristo*, depois da sombria parábola--advertência de *Ensaio sobre a cegueira*, e de tantas outras obras notáveis, e agora?

Agora, é este surpreendente *Todos os nomes*, relato das aventuras de um José que, como o do poema de Drummond, é "sem nome", embora o seu seja o único que figura na história. Extraordinárias aventuras as deste modesto escriturário da Conservatória Geral do Registo Civil. O Sr. José, em sua aparente humildade, em sua autêntica solidão, em sua falta de bens materiais e afetivos, e, sobretudo, em sua inalienável dignidade humana, é um parente próximo de outras grandes personagens literárias: Bouvard e Pécuchet, os copistas enciclopédicos de Flaubert; o obstinado Bartleby de Melville; o metafísico Bernardo Soares de Pessoa; e outros tantos escreventes por ofício, inconformados com o fato de a escrita da vida ser tão pouco favorável para os viventes que escrevem e são escritos.

O Sr. José, cumpridor exemplar de suas funções, começa por cultivar o hobby inocente de colecionar recortes sobre as pessoas famosas. Mas como as informações sobre as pessoas são, necessariamente, imprecisas e infinitas, ele resolve torná-las mais confiáveis e completas com a ajuda dos documentos de sua repartição. Ao recolher, clandestinamente, os atestados relativos às pessoas famosas, o escriturário pega, por acaso, o documento relativo a uma mulher comum, e vê-se tentado a completar as parcas informações que o documento lhe oferece. As diligências nesse sentido o levam a cometer infrações ao regulamento e a protagonizar aventuras de que ele nunca se julgaria capaz. De infração em infração, e de surpresa em surpresa, o Sr. José acaba por misturar, como um deus, os domínios da vida e da morte.

Tão notável quanto a criação psicológica da personagem é a edificação verbal, por Saramago, do prédio da Conservatória: monumental, totalitário, labiríntico, assustador, como todos os arquivos em que se fixam e reduzem as vidas humanas, sejam eles repartições públicas ou bibliotecas de Babel. Atraído, como tantos grandes romancistas desde o século XIX, pela tarefa de fazer o inventário do mundo, mas cético quanto a essa possibilidade, Saramago opta pela subversão individual contra a opressão das autoridades catalogadoras, pela desordem da vida contra a ordem da morte. E tudo isso num estilo que parece ter atingido, no máximo da simplicidade, o máximo de sutileza. *Todos os nomes* é um daqueles poucos livros que ainda merecem ser definidos como um clássico.

6. Homens e cavernas

Quase todos os textos críticos publicados sobre *A caverna* começam pelo resumo de seu enredo, que poderia ser ainda mais sucinto: um oleiro vive os últimos dias de sua antiga profissão, ameaçada pelo estabelecimento de um enorme shopping na região onde mora. Depois do resumo, as leituras críticas enveredam para o significado sociológico e político da história: a modernidade como desumanização, a economia regendo a vida humana, o valor de uso substituído pelo valor de troca, a destruição e a perda da natureza, a cegueira dos homens ante o rumo desastroso de sua história, sua submissão à sociedade do espetáculo e à proliferação de imagens enganosas. As entrevistas contemporâneas ao lançamento do romance também se limitam a esse resumo e a essa interpretação. Nos textos universitários são referidos, como aval científico, filósofos, historiadores e sociólogos que tratam diretamente desses temas.

Ora, *A caverna* é isso, mas é também muito mais. É a última obra-prima de Saramago e a primeira depois do Nobel, um romance de riqueza de significação e apuro estilístico admiráveis. Quanto ao significado dessa última grande alegoria, segundo uma expressão já citada do autor, "não é preciso ser-se uma luminária do intelecto" (p. 276) para decifrá-lo.

O que mais, pois, pode ser dito sobre *A caverna*? Muita coisa, a meu ver, e provavelmente ainda mais do que alcança minha visão. Em primeiro lugar, a estrutura da narrativa é sólida e progressiva, com suspenses e desenlaces. Começa pela apresentação das personagens, segue-se a descrição da região dos eventos, inóspita e perigosa, refere o Centro sem nele se deter e foca em seguida a morada e a olaria, *locus amenus* em contraste com a região. Aos poucos, vamos sendo informados das atividades das personagens. Compreendemos que o Centro é um grande estabelecimento comercial, fechado para a cidade e ao qual as personagens só têm acesso pela entrada de serviço ou pelo telefone. O interior do shopping é plenamente descrito já quase no fim do livro, depois de trezentas páginas. Os problemas das personagens em relação ao Centro aparecem gradativamente. Uma solução provisória é imaginada, e o leitor fica torcendo para que ela seja bem-sucedida, embora tudo indique que não o será. A solução malogra, as personagens rendem-se ao Centro, sentem-se ali prisioneiras e infelizes. Uma estranha descoberta no subsolo do estabelecimento é o lance decisivo para o desfecho da ação e para a criação de uma grandiosa alegoria que completa o significado do relato.

O enredo se insere no molde arquetípico da luta do pequeno contra o grande, do fraco contra o forte, de Davi contra Golias. Essa luta também já está consagrada na literatura moderna: o Centro gigantesco parece inexpugnável como o Castelo de Kafka. Mais do que em qualquer outro romance de Saramago, a personagem principal nos é oferecida com grande sutileza psicológica, revelada em seus mínimos atos e sentimentos.

A personalidade de Cipriano Algor nos é mostrada de modo exemplar. Como explicita o narrador, momentaneamente transformado em teórico da literatura: "Poderemos e deveremos faltar ao respeito à lógica ordenativa e à disciplina do relato, mas nunca por nunca àquilo que constitui o carácter exclusivo e essencial de uma pessoa, isto é, a sua personalidade, o seu modo de ser, a sua própria e inconfundível feição" (pp. 222-3).

A inconfundível feição de Algor vai sendo revelada ao longo do romance através de seus atos e palavras. Saramago não mergulha em seus pensamentos e sentimentos. Em mais uma passagem metalinguística, o romancista comenta seu método de criar personagens:

Durante o regresso à casa [...] falaram pouco, pouquíssimo, embora o mais simples exame das múltiplas possibilidades decorrentes da situação sugira que tenham pensado muito. Adiantar-nos, por temerárias suposições, ou por aventurosas deduções, ou, pior ainda, por inconsideradas adivinhações, ao que eles pensaram, não seria, em princípio, se considerarmos a presteza e o descaro com que em relatos desta natureza se desrespeita o segredo dos corações, não seria, dizíamos, tarefa impossível, mas, uma vez que esses pensamentos, mais cedo ou mais tarde, terão de vir a expressar-se em atos, ou em palavras que a atos conduzam, pareceu-nos preferível passar adiante e aguardar tranquilamente que sejam os atos e as palavras a manifestar os pensamentos. (p. 289)

Algor é um homem qualquer. Meia-idade, feições comuns, nome não exclusivo, mas repetido através de gerações de homens como ele. Conhecemo-lo por seus atos e por sutis reações físicas: é simples, mas não desprovido de inteligência; é orgulhoso, mas age segundo as convenções sociais; é sensível e amoroso, embora procure ocultá-lo por timidez; é sobretudo honesto. Enfim, Algor é o homem antigo jogado brutalmente na modernidade tardia.

Saramago é ele mesmo amoroso, conhece os segredos do coração, mas evita o sentimentalismo. Um exemplo disso é um trecho em que Marta revela seu amor pelo pai:

Marta sai do quarto e vai pensando Dorme, eis uma palavra que aparentemente não fez mais do que expressar uma verificação de facto, e contudo, em cinco letras, em duas sílabas, foi capaz de traduzir todo o amor que num certo momento pôde caber num coração humano. Convém dizer, para ilustração dos ingénuos, que, em assuntos de sentimento, quanto maior for a parte de grandiloquência, menor será a parte da verdade. (p. 213)

São várias, na verdade, as cavernas do livro. Como primeiro habitat do homem, a caverna remete ao início de sua história. São cavernas o forno da olaria, a gruta encontrada no subsolo do Centro, a da alegoria platônica e o próprio Centro. A comparação entre o forno da olaria e a gruta merece particular atenção. O forno é uma "casa estranha e vazia, de teto em abóbada, sem móveis nem adornos, forrada de paralelepípedos esbranquiçados" (p. 183). Foi construído pelo avô de Algor e reformado por seu pai. É uma obra humana, útil e enobrecida pelo uso do fogo, conquista ancestral da humanidade. Além de servir à olaria, os fornos fabricam o pão, alimento básico do homem. A atividade do oleiro, fruto de "três gerações de experiência", é "um trabalho em que há muito de arte alquímica" (p. 185). É "o reino, o trono e o dossel do fogo, o cadinho onde a argila de cada vez sonha que se vai tornar em diamante" (idem). A essa nobreza da cerâmica, os consumidores do Centro preferem a vulgaridade do plástico, obrigando Algor a enterrar sua produção como lixo.

Da descrição do forno, o romancista passa a evocar a criação do homem na Bíblia, em algumas das mais belas páginas escritas por Saramago: "Conta-se que em tempos antigos houve um deus que decidiu modelar um homem com o barro da terra que antes havia criado, e logo, para que ele tivesse respiração e vida, lhe deu um sopro nas narinas" (p. 186). Tendo esse deus abandonado as artes da olaria, os homens a ela se dedicaram, com menor competência, por não estarem "apetrechadas de suficiente sopro ventilador" (idem). Entretanto, pondera o narrador, aquele deus "deixou-nos o que talvez fosse o melhor de si mesmo, o sopro, a aragem, a viração, a brisa, o zéfiro" (p. 187).

A criação do homem a partir do barro será evocada mais uma vez a posteriori, a partir de uma lenda indígena narrada no almanaque lido por Algor. Nessa lenda, diferentemente daquela de nossa cultura, o criador precisa levar sua criatura ao forno, em sucessivas tentativas frustradas, até conseguir lhe dar a aparência ideal. Esse criador indígena, falível mas obstinado, é mais simpático do que o da Bíblia, por muito se assemelhar aos humanos: "Nós, humanos de agora, que temos passado por tantas situações de ansiedade, um exame difícil, uma namorada que faltou ao encontro, um filho que se fazia esperar, um emprego que nos foi negado, podemos imaginar o que esse criador teria sofrido enquanto aguardava o resultado da sua quarta tentativa" (p. 229). O resultado obtido foi o homem de pele vermelha. Ao narrador do romance não escapa a trágica ironia desse triunfo, à luz da História:

Aqueles a quem o criador rejeitou, aqueles a quem, embora com benevolência de agradecer, afastou de si, isto é, os de pele preta, branca e amarela, prosperaram em número, multiplicaram-se, cobrem, por assim dizer, todo o orbe terráqueo, ao passo que os de pele vermelha, aqueles por quem tinha se esforçado tanto e por quem sofrera um mar de penas e angústias, são, nestes dias de hoje, as evidências impotentes de como um triunfo pôde vir a transformar-se, passado tempo, no prelúdio enganador de uma derrota. A quarta e última tentativa do primeiro criador de homens que levou as suas criaturas ao forno, essa que aparentemente lhe trouxe a vitória definitiva, veio a ser, afinal, a do definitivo desbarato. (p. 230)

Mas a principal lição da lenda, segundo o narrador, é de que "dentro de um forno todas as coisas podem suceder, tanto o desastre como a glória, tanto a perfeição como a miséria, tanto o sublime como o grotesco" (p. 231). Como na vida, diríamos.

A gruta encontrada no subsolo do Centro só será descrita no fim do livro. Diferentemente do forno criador, essa gruta é um lugar sinistro, onde jazem seis cadáveres amarrados a um banco de pedra e voltados para a parede do fundo. Apavorado, Algor lembra-se então do forno da olaria: "Então, devagar, muito devagar, como uma luz que não tivesse pressa de aparecer, mas que viesse para mostrar a verdade das coisas até aos seus mais escuros e recônditos desvãos, Cipriano Algor viu--se a entrar outra vez no forno da olaria, viu o banco de pedra que os pedreiros lá tinham deixado esquecido e sentou-se nele" (p. 342). Esse "banco das meditações", ao contrário do banco da gruta, está ao ar livre, à sombra de uma amoreira, e nele o oleiro costuma se sentar em companhia de seu cão. É um lugar de vida, inserido naquela natureza que vai sendo pouco a pouco destruída na região.

Como sempre, Saramago não precisa esclarecer o sentido de suas alegorias. A caverna de Platão, como todos sabemos, é o local das ideias reduzidas a sombras, das imagens falsas como aquelas oferecidas pelo Centro. O golpe de mestre do romancista foi referi-la apenas na última página do livro, como meta-alegoria e lugar de redobrada falsidade, transformado em "atração exclusiva" e comercial.

Igualmente admiráveis são as páginas em que Saramago discorre sobre o ofício do oleiro. A experiência do escritor, em sua juventude, como serralheiro mecânico, forneceu-lhe conhecimento direto do trabalho manual que enriquece sua obra literária. Demonstrando profundo conhecimento dos ingredientes e dos processos do cozimento do barro, ele equipara os percalços da arte da olaria à luta do escritor com as palavras:

> A Marta e a Cipriano Algor não se lhes acabará tão cedo este esforço, parte do barro com que modelam agora uma figura provém de outras que tiveram de desprezar e amassar, assim é com todas as coisas deste mundo, as próprias palavras, que não são coisas, que só as desig-

nam o melhor que podem, e designando as modelam, mesmo se exemplarmente serviram, supondo que tal pôde suceder em alguma ocasião, são milhões de vezes usadas e atiradas fora outras tantas, e depois nós, humildes, de rabo entre as pernas, como o cão Achado quando a vergonha o encolhe, temos de ir buscá-las novamente, barro pisado que também elas são, amassado e mastigado, deglutido e restituído, o eterno retorno existe, sim senhor, mas não é esse, é este. (pp. 160-1)

E não é só a arte da linguagem que se assemelha à arte do oleiro. Em trecho anterior, o escritor estendera a comparação a todas as artes. Ele ali explica que, para que as ideias tomem forma, é preciso que o cérebro as transporte para as mãos:

Na verdade, são poucos os que sabem da existência de um pequeno cérebro em cada um dos dedos da mão, algures entre a falange, a falanginha e a falangeta. Aquele outro órgão a que chamamos cérebro, esse com que viemos ao mundo, esse que transportamos dentro do crânio e que nos transporta a nós para que os transportemos a ele, nunca conseguiu produzir senão intenções vagas, gerais, difusas, e sobretudo pouco variadas, acerca do que as mãos e os dedos deverão fazer. [...] Note-se que, ao nascermos, os dedos ainda não têm cérebros, vão-nos formando pouco a pouco com o passar do tempo e o auxílio do que os olhos veem. O auxílio dos olhos é importante, tanto quanto o auxílio daquilo que por eles é visto. Por isso o que os dedos sempre souberam fazer de melhor foi precisamente revelar o oculto. (pp. 85-6)

Essas páginas de *A caverna* são tão belas que dá pena não citá-las por inteiro. O escritor prossegue dizendo que, assim como os pequenos cérebros das mãos sabem modelar os volumes, também são eles que sabem recriar as cores na pintura:

Só com esse saber invisível dos dedos se poderá alguma vez pintar a infinita tela dos sonhos. Fiado do que os olhos julgaram ter visto, o cérebro da cabeça afirma que, segundo a luz e as sombras, o vento e a calma, a humidade e a secura, a praia é branca, ou amarela, ou dourada, ou cinzenta, ou roxa, ou qualquer coisa como entre isso e aquilo, mas depois vêm os dedos e, com um movimento de recolha, como se estivessem a ceifar uma seara, levantam do chão todas as cores do mundo. (p. 87)

Note-se uma vez mais a expressão "levantar do chão" na obra de Saramago. Assim como Deus levantou o homem do barro, e a justiça póstuma dos livros anteriores do escritor levantou do chão os injustamente esquecidos, a arte levanta os homens acima de si mesmos. Essas páginas de *A caverna*, menos lembradas do que as que compõem a alegoria crítica da sociedade atual, elevam esse romance a um patamar ainda mais alto do que o de seus romances anteriores.

Finalmente, o próprio Centro parece uma grande caverna de Ali Babá, atulhada de tesouros ilusórios.

Quanto aos bonecos escolhidos por Algor para salvar a olaria, eles são ingênuos como seus criadores. Os modelos foram encontrados numa velha enciclopédia em desuso, comprovando a utilidade dos livros:

> Felizmente existem os livros. Podemos esquecê-los numa prateleira ou num baú, deixá-los entregues ao pó e às traças, abandoná-los na escuridão das caves, podemos não lhes pôr os olhos em cima nem tocar-lhes durante anos e anos, mas eles não se importam, esperam tranquilamente, fechados sobre si mesmos para que nada do que têm dentro se perca, o momento que sempre chega, aquele dia em que nos perguntamos, Onde estará aquele livro que nos ensinava a cozer os barros, e o livro, finalmente convocado, aparece. (p. 191)

Em mais uma de suas listas barrocas, o romancista elenca um número espantoso de imagens contidas na memória coletiva. Da extensa relação, seis são os modelos selecionados: um bobo, um palhaço, uma enfermeira, um esquimó, um mandarim, um assírio de barbas. Não porque essas figuras sejam particularmente caras aos oleiros ou ao romancista, mas por sua morfologia se adequar melhor ao material empregado. Entretanto, o pequeno conjunto sugere um patético resumo da humanidade. Segundo o narrador, a enfermeira é uma espécie de anjo. O palhaço é "pobre, pobre de pobreza". Assemelha-se ao bobo da corte, mas a diferença entre eles, "de um ponto de vista social, é não ser costume do palhaço ir ao palácio do rei" (p. 84). O mandarim e o assírio são representantes do poder, mas para os oleiros são sobretudo exóticos, como o esquimó. Ao concorrerem com os bonecos de plástico da modernidade, estão fadados ao malogro. Não passarão no teste dos consumidores. E Saramago coloca, na boca do subchefe de departamento, uma breve explicação dos conceitos de "valor de uso" e "valor de troca", desconhecidos para o simples oleiro: "Estas coisas são para quem sabe, pensou Cipriano Algor, sem conseguir calar o seu desassossego interior" (p. 246). Assim, uma vez mais, o romancista demonstra os conceitos sociológicos e econômicos na própria trama narrativa e os transforma em sabedoria ao alcance de todos.

Também são seis os cadáveres encontrados na caverna do subsolo, como um contraponto funesto às seis ingênuas figuras "históricas". No final da narrativa, Algor dispõe os trezentos bonecos considerados inúteis ao redor da casa e da olaria, como guardiães que, embora perecíveis como tudo na terra, são testemunhas de um passado mais humano do que nosso presente.

Uma das personagens mais importantes do romance é um cachorro. A presença de cães na obra da Saramago é uma constante, e esse fato já tem sido objeto de vários artigos e teses universitárias. De fato, na maior parte de seus livros há pelo menos um cão: o Constante, de *Levantado do chão*; o Ardent, de *A jangada de pedra*; o anônimo em *História do cerco de Lisboa*; o cão das lágrimas, de *Ensaio sobre a cegueira* e *Ensaio sobre a lucidez*; o Tomarctus, de *O homem duplicado*; o cão do pastor em *Todos os nomes*; o Achado, de *A caverna*. A importância desses animais na obra de Saramago é comprovada por esta declaração: "Se eu tivesse de ser lembrado por algo, gostaria que se lembrassem de mim como do criador do cão das lágrimas" (entrevista em *Clarín*, 2008).

De todos esses cães, Achado é talvez o que ocupa o maior espaço na história. Mesmo sem apelar para os dados biográficos do escritor como amante dos cães, as descrições dos movimentos de Achado comprovam ser ele um atento observador do animal. No trecho em que Algor limpa o forno, ele diz:

> As experiências anteriores do cão Achado fizeram-no pensar que o dono se dispunha a sentar-se outra vez no banco das meditações, ainda andaria o pobre com o espírito turvo de conflitos, a vida a correr-lhe às avessas, nestas ocasiões é quando os cães fazem mais falta, quando se vêm postar diante de nós com a infalível pergunta nos olhos, Queres ajuda, e sendo certo que, à primeira vista, não parece estar ao alcance de um animal destes dar remédio aos sofrimentos, angústias e mais aflições humanas, bem poderá suceder que a causa esteja no fac-

to de não sermos nós capazes de perceber o que esteja além ou aquém da nossa humanidade, como se as outras aflições no mundo só pudessem lograr uma realidade apreensível desde que medíveis pelos padrões das nossas próprias, ou, para usar palavras mais simples, como se só o humano tivesse existência. [...] Quando Cipriano Algor tornou a entrar no forno, agora de vassoura em punho, Achado não se preocupou, um dono, bem vistas as coisas, é a modos como o sol e a lua, devemos ser pacientes quando desaparece, esperar que o tempo passe, se pouco se muito não o saberá dizer um cão, que não distingue durações entre a hora e a semana, entre o mês e o ano, para um animal destes não há mais do que presença e ausência. (pp. 181-3)

Saramago não antromorfiza o cão, apenas procura compreendê-lo. Ele respeita a diferença e o mistério do animal, simpatiza com ele e tenta se colocar em seu lugar:

Ao contrário do que em geral se pensa, os cães, por muitos cuidados e mimos de que sejam alvo, não têm vida fácil, em primeiro lugar porque até hoje não conseguiram chegar a uma compreensão ao menos satisfatória do mundo a que foram trazidos, em segundo lugar porque essa dificuldade é agravada continuamente pelas contradições e pelas instabilidades de conduta dos seres humanos com quem partilham, por assim dizer, a casa, a comida, e às vezes a cama. (p. 184)

Em vez de projetar no cão pensamentos e sentimentos humanos, Saramago busca o ponto de vista do animal para entender o que é o ser humano, o mais incompreensivo e incompreensível dos animais:

> Cipriano Algor chamou o cão, Vem cá, Achado, vem cá, de facto não há quem consiga compreender estes bichos, batem e vão logo acariciar aquele a quem bateram, batem-lhes e vão logo beijar a mão que lhes bateu, se calhar tudo isso não é senão uma consequência dos problemas que vimos tendo, desde o remoto começo dos tempos, para nos conseguirmos entender uns aos outros, nós, os cães, nós os humanos. (p. 185)

Na obra de Saramago, a comparação do comportamento dos cães com o dos homens é desfavorável aos últimos. À medida que foi envelhecendo, a opinião do romancista sobre sua espécie foi piorando. O egoísmo e a crueldade dos humanos, incapazes de compaixão pelos demais viventes, cegos e surdos ao que acontece na terra que é de todos, merecem o uivo dos cães. "Uivemos, disse o cão" era a epígrafe de *Ensaio sobre a lucidez* (2004). Os homens é que deveriam uivar, este é o aviso deixado por Saramago. A lúcida mulher do médico e o compassivo cão das lágrimas são brutalmente assassinados no final desse romance. Entretanto, o final de *A caverna* deixa em aberto uma possibilidade de salvação. O oleiro e os seus fogem na velha furgoneta para um destino que, embora incerto, é vital como recusa do mundo enganoso do Centro. Num último paralelismo, são eles seis seres vivos: Algor, sua nova mulher, seu genro, sua filha, a criança que ela traz no ventre e o cão Achado.

7. Escritor engajado?

Todos sabem que o cidadão José Saramago era "comunista de carteirinha". Era afiliado ao Partido Comunista Português e, após a Revolução dos Cravos, em 1974, assumiu cargos de liderança e batalhou pela instauração de um governo socialista em seu país, defendendo até mesmo a luta armada para alcançar esse objetivo. Tendo malogrado nesse projeto, manteve-se fiel ao PCP. Depois de se tornar escritor reconhecido e finalmente agraciado com o prêmio Nobel, o cidadão Saramago continuou declarando, em entrevistas e conferências, sua posição política.

Mas o cidadão Saramago não era submisso a seu partido. Para o *Jornal de Letras*, em 1989, ele declarou: "Eu não considero que o meu partido seja competente em matéria literária e, em geral, artística". Suas discordâncias com o comunismo não se resumiam às artes.

Ele tinha sua própria visão dos governos comunistas: "O modelo comunista falhou, não tenho dúvidas. Podemos dar-lhes os nomes que quisermos, socialismo científico, socialismo real, mas os fatos estão aí, a dizê-lo e a prová-lo claramente: o modelo real falhou" (revista *Visão*, 1998).

Sua opinião sobre a esquerda política posterior ao fim da União Soviética era clara: "A esquerda, hoje, não sabe em que pensar nem como pensar, porque seus modelos desmoronaram e seus ideais foram pervertidos. Por isso, seus políticos devem ter a humildade de reconhecer seus erros e voltarem a um pensamento de esquerda" (entrevista em *Faro de Vigo*, 1994). Assim como seu diagnóstico do problema: "O problema mais dramático da esquerda é que ela não faz a menor ideia do que é o mundo, ficou em um esquema que parecia corresponder a uma determinada época, os anos 1930 e 1940, e parou ali" (entrevista a *Veintitrés*, 2002); "O que se fez com o marxismo é algo totalmente criminoso: glosar e glosar Marx e Engels interminavelmente, e sem acrescentar nada que fosse fruto de alguma reflexão" (entrevista a *El Universal*, 2003).

Também em 2003, retirou publicamente seu apoio ao governo de Cuba, em protesto contra a perseguição de dissidentes e a execução de fugitivos num bote. Já no fim da vida, dizia: "Ressuscitar Marx? Não. Vivemos em outro tempo. É preciso algo mais imaginativo do que a simples indignação — que é legítima — para mudar as coisas" (entrevista a *Canarias 7*, 2008). E mais: "Os partidos de esquerda, que na verdade não o são, que há anos executam políticas neoliberais, são o rosto moderno da direita" (entrevista a *Éxodo*, 2008).

Sua persistente defesa do socialismo foi por ele explicada dezenas de vezes e, de modo definitivo, nos *Cadernos de Lanzarote*:

> Não devemos aceitar que a justa acusação e a justa denúncia dos inúmeros erros e crimes cometidos em nome do socialismo nos intimidem: a nossa escolha não tem por que ser feita entre socialismos que foram pervertidos e capitalismos perversos de origem, mas entre a humanidade que o socialismo pode ser e a inumanidade que o capitalismo sempre foi. Aquele "capitalismo de rosto humano", de que tanto se falou nas tais décadas atrás, não passava de uma máscara hipócrita. Por sua vez, o "capitalismo de Estado", funesta prática dos países ditos do "socialismo real", foi uma caricatura trágica do ideal socialista. Mas esse ideal, apesar de tão espezinhado e escarnecido, não morreu, perdura, continua a resistir: talvez por ser, simplesmente, embora como tal não venha mencionado nos dicionários, um sinónimo de esperança. (p. 361)

Quanto à sua atividade literária, ele mesmo se definiu: "Não sou um escritor comunista, o que sou é um comunista escritor, o que é diferente. Quer dizer, não sou um escritor comunista que escreve de acordo com uma orientação política e ideológica determinada e que utiliza a literatura para difundir essa orientação" (entrevista em *La Jornada*, 1998).

Sua luta contra a opressão e a injustiça se baseava num ideal socialista maior do que o dos partidos de esquerda. Por isso, seus ataques aos dogmas da Igreja católica não foram simplesmente os de um ateu comunista, mas eram até mesmo coerentes com suas convicções políticas. Era à Igreja como instituição que ele se opunha, não ao homem Jesus, cuja doutrina coincidia, em vários pontos, com as propostas socialistas. Como observou o historiador marxista Eric Hobsbawm, "nada mais fácil do que ver o Cristo do Sermão da Montanha como 'o primeiro socialista' ou comunista, e embora a maioria dos primeiros teóricos socialistas não fossem cristãos, muitos membros dos movimentos socialistas posteriores acharam útil essa reflexão" (*Como mudar o mundo,* 2011).

A pergunta que se coloca, então, é a seguinte: os romances de Saramago são livros comunistas? Por outras palavras: trata-se de um romancista politicamente engajado? E, se a resposta for positiva: o leitor de seus romances só pode admirá-los se for ele mesmo comunista, e então, se for anticomunista, os rejeitará? A resposta a essas perguntas toscas implica vastas questões de teoria e história literárias e uma análise nuançada das obras do escritor. Resumindo: o conceito de literatura engajada surgiu no século xx, em decorrência das guerras mundiais e do surgimento da figura pública do intelectual, favorecido pelo desenvolvimento da imprensa e dos meios de comunicação em geral. Foi teorizado por Jean-Paul Sartre, no fim da Segunda Guerra, e muito discutido por algumas décadas.

Desde o início, o conceito de engajamento, ligado à ideia de militância política, colidia com a defesa da autonomia da arte. Enquanto na União Soviética, no período estalinista, a militância artística se tornou obrigatória e seu desrespeito foi submetido a censura e prisão, nos países europeus recém-democratizados a questão do engajamento era aberta e discutida pelos escritores. Diferentemente de Sartre, seu contemporâneo Albert Camus se recusava a dar uma significação política precisa a seus romances. O engajamento explícito foi criticado até mesmo por teóricos marxistas. Assim, em 1962, Theodor Adorno se opôs ao conceito sartriano de engajamento, afirmando que a resistência da literatura está na forma, e não no conteúdo das obras, preferindo Kafka e Beckett aos escritores explicitamente engajados ("Engagement", in *Notes sur la littérature*, 1999).

Os principais romances de Saramago foram publicados na virada do século XX para o XXI, período em que as discussões teóricas sobre o engajamento do escritor foram menos intensas. Tudo indica que elas não interferiram no tipo de literatura que ele adotou e, em larga medida, inventou. Em *Levantado do chão* e no *Memorial do convento*, firmou-se sua opção pelos homens e mulheres esquecidos, camponeses e operários oprimidos por sistemas sociais injustos. Desde então, suas obras mantiveram forte componente crítico, quer como revisões históricas (*O ano da morte de Ricardo Reis, História do cerco de Lisboa, O evangelho segundo Jesus Cristo*), quer como denúncia das ideologias e práticas do capitalismo globalizado (*A jangada de pedra, A caverna, O homem duplicado*). Dois romances de Saramago, interligados pela alusão e pelo retorno de personagens, tratam de questões políticas e de organização social. São eles *Ensaio sobre a cegueira* e *Ensaio sobre a lucidez*. Eles nos permitem definir o tipo de engajamento do autor. Em primeiro lugar, é preciso atentar para a palavra "ensaio" no título de um romance. O ensaio é um gênero no qual o escritor expõe ideias e opiniões sem a pretensão de comprová-las cientificamente. A palavra tem também a conotação de tentativa. De fato, nesses dois romances Saramago visa indiretamente sistemas sociais contemporâneos, submetendo suas personagens a situações imaginárias, fantasiosa no *Ensaio sobre a cegueira*, hipotética no *Ensaio sobre a lucidez*.

Ambos os romances são distópicos, isto é, apresentam situações sociais desastrosas, permitindo ao romancista uma hábil aliança do imaginário com o realismo da literatura engajada. No primeiro, a epidemia de cegueira que se alastra na população de uma cidade provoca uma desorganização total da sociedade, reduzindo gradualmente a população a situações vitais, higiênicas e morais insuportáveis. As providências tomadas pelo governo logo falham, porque a epidemia cega também os governantes, que cogitavam "liquidação física em massa" dos contaminados (p. 90), e os militares, que seguem as ordens superiores. A horda de cegos não consegue se organizar porque, em situações extremas, prevalece o individualismo do "salve-se quem puder", reduzido ao puro instinto animalesco de sobrevivência.

O romancista narra esses acontecimentos extraordinários abstendo-se de comentá-los e julgá-los. Embora demonstre sua desconfiança nos governantes e nos militares, ele observa que as vítimas, como no mundo "normal", são igualmente divididas entre bons e maus, generosos e egoístas. A mulher do médico, única personagem que não perde a visão, é a porta-voz do romancista: "aqui todos somos culpados e inocentes" (p. 101); "não creias que a cegueira nos tornou melhores, Também não nos tornou piores" (p. 135). Saramago nunca é maniqueísta, nem atribui a qualquer classe social o monopólio da bondade ou da maldade.

Da mesma forma, o romancista se exime de oferecer sentido preciso à história que narra. Entretanto, em breves trechos ele fornece dicas para que o leitor a interprete. Por exemplo: o primeiro caso da pandemia ocorre num semáforo. Embora o sinal esteja verde, o carro da vítima estanca, como num sinal vermelho. Esse sinal virtualmente fechado é um traço de que o romance é, para os leitores, um indício de alerta.

A mulher do médico reflete sobre a amoralidade que ameaça os cegos: "não tarda que comecemos a não saber quem somos, nem nos lembrámos sequer de dizer-nos como nos chamamos" (p. 64). No final da história, ela diz aos companheiros que "o mundo está cheio de cegos vivos", que "o que verdadeiramente agora nos está a matar é a cegueira" e que "não podemos escapar à morte, mas ao menos devíamos não ser cegos". O marido objeta que "esta cegueira é concreta e real", enquanto a mulher aventa a possibilidade de que seja uma metáfora: "Não tenho a certeza" (p. 282). E, por fim, é ainda ela quem diz: "Penso que não cegámos, penso que estamos cegos. Cegos que veem. Cegos que, vendo, não veem" (p. 310).

A cegueira pode ser uma metáfora da inconsciência dos cidadãos do mundo globalizado com respeito às injustiças que ela oculta e aos rumos perigosos que ela toma. Entretanto, o romancista Saramago se abstém de dar um sentido único a sua parábola. Sua atitude é muito semelhante à de Camus, acerca de seu romance *A peste*, que tem óbvias semelhanças com o *Ensaio sobre a cegueira* por mostrar os diferentes comportamentos humanos numa situação calamitosa.

Uma polêmica de Camus com Roland Barthes, em 1955, explicitou a posição do romancista, assim como a do crítico (*Œuvres complètes*, de Roland Barthes, 2002, v. I, pp. 540-7). Barthes, que naquele momento era marxista, cobrou de Camus a confirmação de que a peste de seu romance era uma metáfora da ocupação nazista. Em termos civilizados e respeitosos, as cartas trocadas entre eles naquela ocasião expõem de forma clara suas divergências sobre o engajamento literário. Camus lhe respondeu que essa interpretação de seu romance era possível, mas não a única. Dizendo-se descrente do realismo em arte, ele objetou que seu romance poderia ser interpretado como uma resistência contra todas as tiranias. Barthes retrucou como o militante que era naquele momento, afirmando que falava em nome do materialismo histórico. O tempo mostrou que Camus tinha razão, porque seu romance tem sido lembrado em outras circunstâncias históricas de governos ditatoriais ou de calamidades públicas, como a pandemia da covid-19. E Barthes reconheceu posteriormente seu engano, rejeitando o realismo literário e a militância política nas práticas artísticas.

Como Camus, Saramago não propõe uma solução política para sua imaginária epidemia no *Ensaio sobre a cegueira*. Através dos acontecimentos narrados, ele sugere, como saídas à situação calamitosa, a lucidez, fraternidade, organização, compaixão e esperança. Assim, não se trata de um romance político, mas de uma obra humanista como a de Camus, de alcance mais vasto e duradouro do que as realistas, amarradas a um contexto histórico preciso.

Nesse romance, há cenas apavorantes nas camaratas do manicômio, magníficas como o banho de chuva das mulheres e épicas como a caminhada dos cegos pela cidade imunda. A massa de personagens é cega, mas o romancista é visionário. E um mestre da escrita literária. Quanto aos achados de linguagem, alguns exemplos: "Deitados nos catres, os cegos esperavam que o sono tivesse dó de sua tristeza" (p. 97); "certos velhos são assim, sobra-lhes em orgulho o que lhes vai faltando em tempo" (p. 246); "Não achou resposta, as respostas não vêm sempre que são precisas, e mesmo sucede muitas vezes que ter de ficar simplesmente à espera delas é a única resposta possível" (p. 249).

O segundo romance, *Ensaio sobre a lucidez*, é mais explícito em termos políticos, na medida em que visa diretamente a democracia, ao imaginar uma "epidemia" de votos em branco, combatida pelo governo "democrático" com violência, mentiras e assassinatos. A ligação entre os dois romances se efetua não apenas pelo reaparecimento de personagens (a mulher do médico e seus companheiros), mas de modo explícito: os votos em branco são comparados à "cegueira branca" do livro anterior. A lucidez sendo o oposto da cegueira, esta é lembrada em vários trechos: "a responsabilidade de ter olhos quando outros os perderam" (p. 241); "não é só quando não temos olhos que não sabemos aonde vamos" (p. 275).

Embora evoque uma situação menos cruel para a coletividade do que a epidemia de cegueira, esse romance é mais pessimista. Em vez da esperança e da cura, a história termina com a morte das personagens positivas e o uivo dos cães. Enquanto a "cegueira" pode ter significados múltiplos e trans-históricos, a "lucidez" sugere certezas com relação à verdade e à justiça. É a própria democracia que é questionada nesse romance, na medida em que, comprometida com o mercado neoliberal, torna-se uma farsa. Sem vislumbrar um sistema político melhor do que o das democracias ocidentais, o pessimismo do romancista se agravou.

Os romances de Saramago não são manifestos ou panfletos; são obras de arte que implicam questões éticas e políticas. Suas convicções não o levaram a escrever narrativas realistas, como é corrente na literatura engajada, e muito menos a propostas políticas, como acontece na literatura de "mensagem". A forma escolhida por ele para exercer sua crítica e comunicá-la ao leitor foi a das alegorias e parábolas, gêneros narrativos antigos que lhe permitem dar asas à imaginação, levando-o até à adoção de elementos fantásticos. As interpretações ficam por conta do leitor, que não é doutrinado, mas alertado, por meio de fábulas e imagens, para determinados aspectos da realidade que o escritor considera nefastos.

Esses romances não são resultado de um projeto político, nem de um projeto estético preciso, o que garante sua originalidade. E mais: as opiniões políticas e as obras ficcionais de Saramago se ancoram numa experiência pessoal. São ambas tributárias de seu avô Jerónimo, ao mesmo tempo representante de uma classe social injustamente oprimida e exímio contador de histórias. Sua aguda inteligência, suas leituras noturnas em bibliotecas públicas, sua prodigiosa imaginação e o total domínio da língua fizeram do homem Saramago o grande escritor que foi, e não uma filiação a determinada ideologia política. Suas convicções decorrem do exercício daquela faculdade que Kant chamou de "juízo reflexivo".

Em vez de "engajamento", Saramago optou sempre pela palavra "compromisso". "Compromissado" é a palavra justa para definir sua atividade. O escritor engajado é *comprometido* com uma ideologia política, numa relação de dependência com uma suposta verdade; o escritor *compromissado* assume uma obrigação ética individual. No caso de Saramago, mais justo do que falar em ideologia seria falar em ideário, um conjunto de convicções acerca do ser humano e de sua vida em sociedade, resultantes da experiência, algo que antigamente se chamava de sabedoria. Daí o frequente apelo aos provérbios e à sabedoria popular, lembrados com certa ironia para confrontá-los às situações das personagens.

A experiência vital fez com que ele, desde sempre, duvidasse da justiça social. No *Memorial do convento* já se podia ler:

> Castiguem-se lá os negros e os vilões para que não se perca o valor do exemplo, mas honre-se a gente de bem e de bens, não se exigindo que pague as dívidas contraídas, que renuncie à vingança, que emende o ódio, e, correndo os pleitos, por não se poderem evitar de todo, venham a rabulice, a trapaça, a apelação e a praxe, os ambages, que vença tarde quem por justa justiça deveria vencer cedo, para que tarde perca quem deveria perder logo. É que, entretanto, vão-se mungindo as tetas do bom leite que é o dinheiro, requeijão precioso, supremo queijo, manjar de meirinho e solicitador, de advogado e inquiridor, de testemunha e julgador, se falta algum é porque o esqueceu o Padre António Vieira e agora não lembra. (pp. 208-9)

O romancista falava, então, do século XVIII e da Inquisição. Quatro séculos depois, na sociedade capitalista neoliberal, o funcionamento da justiça não é muito diferente, e a autodenominada "gente de bem" continua sendo a "gente de bens".

O ideário de Saramago inclui também o feminismo. Tem sido largamente observado pela crítica que, em seus romances, as personagens femininas são mais fortes e mais lúcidas do que as masculinas. Blimunda e a mulher do médico são protagonistas de duas de suas mais famosas obras, *Memorial do convento* e *Ensaio sobre a cegueira*. Opondo-se à tendência patriarcal de atribuir todos os pecados às mulheres, desde Eva, ele punha estas palavras na boca das acusadas: "Afinal, que faltas são essas nossas, as suas, as minhas, se nós somos, mulheres, verdadeiramente, o cordeiro que tirará o pecado do mundo, no dia em que isto for compreendido vai ser preciso começar outra vez tudo" (*Memorial do convento*, p. 402).

Interrogado a esse respeito, o romancista respondeu com a habitual clareza:

> As minhas personagens verdadeiramente fortes, verdadeiramente sólidas são sempre figuras femininas. Não é porque eu tenha decidido, é porque sai-me assim. Não há nada de premeditado. Provavelmente isso resulta de que parte da humanidade em que eu ainda tenho esperança é a mulher. E estou à espera, já há demasiado tempo, que a mulher se decida a tomar no mundo o papel que não seja o de mera competidora do homem. Se

é só para desempenhar o papel que o homem tem desempenhado ao longo da História, não vale a pena. O que a humanidade necessita é qualquer coisa de novo, que eu não sei definir, mas ainda tenho a convicção que pode vir da mulher. (Reportagem para a *Folha de S.Paulo*, 1995)

Os romances de Saramago, com exceção do último (*A viagem do elefante*, por isso qualificado como "conto"), sempre têm uma história de amor, com a recorrência da seguinte situação: um homem maduro, solteiro ou viúvo, tem uma vida rotineira e sem graça, até o aparecimento de uma mulher forte, que o ajuda a conhecer a si mesmo e a ter uma vida mais plena. No penúltimo romance, paradoxalmente, essa mulher é a morte, que adia o fim do violoncelista, facultando-lhe a possibilidade de aceder a um nível mais elevado de sua arte.

O ideário geral de Saramago encaixou-se, por afinidade, na ideologia política socialista, mas não tem a pretensão científica e messiânica do marxismo, contentando-se com princípios gerais que podem ser considerados simplesmente humanistas. Uma das frases mais citadas do escritor é: "O egoísmo pessoal, o comodismo, a falta de generosidade, as pequenas cobardias do quotidiano tudo isto contribui para a perniciosa forma de cegueira mental que consiste em estar no mundo e não ver o mundo, ou só ver dele o que, em cada momento, for susceptível de servir a nossos interesses" (em Carlos Reis, *Diálogos com Saramago*, 1998). E sua proposta de revolução era a seguinte: "O único valor que considero revolucionário é a bondade, que é a única coisa que conta" (em *Baleares*, 1994). Generosidade e bondade não são conceitos políticos, mas virtudes que se tornaram quase obsoletas no mundo atual, e que nenhum militante político incluiria num manifesto, por temor de ser considerado piegas.

Poucos meses antes de morrer, ele escreveu algumas páginas de um romance que deixaria inacabado: *Espingardas, espingardas, alabardas, alabardas*. Essas páginas, que expõem o horror das guerras e o cinismo da indústria armamentista, defendia mais uma causa humanista, talvez a principal: o pacifismo. A lucidez, a coragem e a bondade de Saramago fazem muita falta no mundo atual.

8. As últimas fábulas

Os dois últimos livros publicados por Saramago, *As intermitências da morte*, de 2005, e *A viagem do elefante*, de 2008, não têm a amplidão de seus romances anteriores. São gestos de despedida, decorrentes da consciência assumida pelo escritor de estar chegando ao fim de sua vida, e presentes que ele deixou a seus leitores. Hospitalizado em estado grave entre 2007 e 2008, esse ateu enfrentou corajosamente a iminência de seu desaparecimento. Tendo resistido a essa crise, deu numerosas entrevistas sobre a inevitabilidade da morte e fez, enquanto pôde, o que sabia: continuou escrevendo. Suas forças, não sua lucidez, estavam diminuindo, e a generosidade do contador de histórias seria a mesma até o fim.

A imaginação do escritor continua muito viva em *As intermitências da morte*. Nessa fábula, a Morte, ofendida por ser tão detestada pelos vivos, resolve cessar sua ceifa, para mostrar-lhes quanto ela é necessária à vida, não apenas para lhe dar sentido, mas na ordem concreta do mundo. Ao expor os transtornos que ocorrem num país onde ninguém morre, Saramago retoma os alvos costumeiros de sua crítica social: o mercado, a Igreja, o Governo, os políticos, todos os que se beneficiam com a existência da morte. As reações das pessoas e das instituições ocasionam uma série de acontecimentos tragicômicos, narrados pelo escritor com a habitual competência.

No início do livro, ele faz da indesejada uma personagem dotada da aparência alegórica tradicional, esquelética e sinistra. A alegoria aqui é humorística, como numa comédia ou desenho animado. No decorrer da narrativa, ele a transforma numa bela e sedutora mulher. À "congênita irrealidade da fábula", o escritor juntou "novas irrealidades" (p. 136). Numa reviravolta total da intriga, ele salva um modesto violoncelista da morte pelo poder interligado do amor e da arte. Esse final provisoriamente feliz escapa do clichê romântico pela sutileza de sua consecução. A Morte pede ao músico que execute para ela uma peça de Bach, e ele obedece:

> Abriu o caderno sobre o atril, respirou fundo, colocou a mão esquerda no braço do violoncelo, a mão direita conduziu o arco até quase roçar as cordas, e começou. De mais sabia ele que não era rostropovitch, que não passava de um solista de orquestra quando o acaso de

um programa assim o exigia, mas aqui, perante essa mulher, com o seu cão deitado aos pés, a esta hora da noite, rodeado de livros, de cadernos de música, de partituras, era o próprio johann sebastian bach compondo em cöthen o que mais tarde seria chamado opus mil e doze, obras elas quase tantas como foram as da criação. A passagem difícil foi transposta sem que ele se tivesse apercebido da proeza que havia cometido, mãos felizes faziam murmurar, falar, cantar, rugir o violoncelo, eis o que faltou a rostropovitch, esta sala de música, esta hora, esta mulher. (p. 207)

O narrador já tinha avisado: "A arte é assim, tem cousas que parecem de todo impossíveis ao profano e afinal de contas não o eram" (p. 167). Havia também definido o que é arte: "uma perfeita convizinhança entre o que se diz e o modo por que se está dizendo" (p. 171). A escrita de Saramago, uma vez mais, o comprova.

Essa fábula é, para o escritor no fim da vida, uma oportunidade para lembrar outros feitos de sua existência, isto é, seus romances anteriores. Ao referir fantásticos arquivos da Morte, ele os confronta com os da Conservatória de *Todos os nomes*:

> Aqui, na sala da morte e da gadanha, seria impossível estabelecer um critério parecido com o que foi adotado por aquele conservador de registo civil que decidiu reunir num só arquivo os nomes e os papéis, todos eles, dos vivos e dos mortos que tinha à sua guarda, alegando que

só juntos podiam representar a humanidade como ela deveria ser entendida, um todo absoluto, independentemente do tempo e dos lugares, e que tê-los mantido separados havia sido um atentado contra o espírito. Esta é a enorme diferença existente entre a morte daqui e aquele sensato conservador dos papéis da vida e da morte, ao passo que ela faz gala de desprezar olimpicamente os que morreram, recordemos a cruel frase, tantas vezes repetida, que diz o passado, passado está, ele, em compensação, graças ao que na linguagem corrente chamamos de consciência histórica, é de opinião que os vivos não deveriam nunca ser separados dos mortos e que, no caso contrário, não só os mortos ficariam para sempre mortos, como também os vivos só por metade viveriam suas vidas, ainda que ela fosse mais longa que a de matusalém, sobre quem há dúvida de se ele morreu aos novecentos e sessenta e nove anos como diz o antigo testamento masorético ou aos setecentos e vinte como afirma o pentateuco samaritano. (p. 159)

Essa longa citação também serviria para demonstrar que Saramago, naquele momento, ainda estava longe de perder seu prodigioso fôlego estilístico, e para reafirmar seu desejo de que os mortos não ficassem para sempre mortos, mas fossem mantidos na memória e nos textos dos vivos.

Também há, em *As intermitências da morte*, a retomada de alguns de seus temas preferidos, como o comportamento dos cães e seus efeitos: a própria Morte se enternece ao ter um cão em seu regaço (p. 154). E o afeto é, uma vez mais, maior do que tudo: "O violoncelista virou-se para o lado do cão, moveu e dobrou o corpo até que a sua própria cabeça pôde ficar a um palmo da cabeça do animal, e assim ficaram, a olhar-se, dizendo sem necessidade de palavras. Pensando bem, não tenho ideia nenhuma de quem és, mas isso não conta, o que importa é que gostemos um do outro" (p. 203).

Bem gostaria Saramago de acreditar que o amor detém o ímpeto da morte, como nesta fábula: "Nossa única defesa contra a morte é o amor" (entrevista em *Elmundo.es*, 2005). Três anos depois, ele diria: "O amor pode muita coisa, mas não pode nada diante da morte" (*Jornal de Notícias*, 2008). Seu livro seguinte, *A viagem do elefante*, tem como dedicatória: "*A Pilar, que não deixou que eu morresse*". Não é uma contradição. O que o ateu Saramago quis dizer é que o amor pode adiar a morte e torná-la menos cruel, mas que ela é o fim absoluto do homem: "Sei que, quando minha hora chegar, entrarei no nada, me dissolverei em átomos. Pronto" (entrevista em *La Vanguardia*, 2005). Em *As intermitências da morte*, o que é afirmado sem contestação é que o amor pode adiar por um breve tempo a morte do ser amado, mas que a única coisa que pode se manter viva, para além do homem, é a arte.

A viagem do elefante foi rotulado pelo escritor como "conto", e não como "romance". De fato, essa história colhida nos anais da História poderia ser contada em poucas páginas: no século XVI, um elefante importado de Goa é transportando de Lisboa a Viena como um presente do rei dom João III a seu primo, o arquiduque Maximiliano II da Áustria. Saramago converteu essa anedota numa bela fábula literária. O que transforma aquilo que poderia ser um simples relato é o modo como o escritor o apresenta, acrescentando-lhe personagens e episódios fictícios, descrições poéticas e reflexões filosóficas. A proximidade com o leitor, frequentemente interpelado pelo narrador, é ainda maior do que nos livros anteriores.

As personagens principais são o elefante Salomão, vítima histórica dos caprichos reais, e o fictício carnaca indiano Subhro, seu companheiro de deslocamentos:

> Escarranchado sobre o encaixe do pescoço com o tronco maciço de Salomão, manejando o bastão com que conduz a montada, quer por meio de leves toques quer com castigadoras pontadas que fazem mossa na pele dura, o cornaca subhro, ou branco, prepara-se para ser a segunda ou a terceira figura desta história, sendo a primeira, por natural primazia e obrigado protagonismo, o elefante salomão, e vindo depois, disputando em valias, ora este, ora aquele, ora por isto, ora por aquilo, o dito subhro e o arquiduque. (p. 34)

Saramago descreve o elefante com precisão zoológica e reflete sobre o animal, sua forma e seu comportamento. O próprio carnaca confessa: "Creio que nunca entenderei os elefantes, Saiba vossa senhoria que eu vivo com ele quase desde que nasci e ainda não consegui entendê-los, E isso porquê, Talvez porque um elefante seja muito mais do que um elefante" (p. 45). Os europeus, que veem pela primeira vez um elefante, são menos perspicazes: "Afinal, disse um dos camponeses, um elefante não tem muito que ver, dá-se-lhe uma volta e já está. Os outros concordaram" (p. 75).

Ao longo da narrativa, o escritor prova, por suas reflexões, que um elefante é, de fato, muito mais do que um elefante. Como explica o carnaca aos soldados e camponeses, no hinduísmo o elefante é um deus: sua cabeça foi colada por Shiva no corpo de um homem morto, Ganesha. Perplexos, os homens procuram o pároco e, para escândalo deste lhe declaram: "deus é um elefante" (p. 77). Boa oportunidade para Saramago criticar as religiões, como de costume.

O mesmo padre que refutou a afirmação de que deus é um elefante decide benzê-lo — na verdade, exorcizá-lo —, porque ele poderia estar possuído pelo demônio: "Os animais não são pessoas, e as pessoas tão pouco são animais, Não tenho tanta certeza disso, respondeu o cornaca, que começava a embirrar com a perlenga, É a diferença entre quem fez estudos e quem não os tem, rematou, com censurável sobranceria, o cura" (p. 82). Como se soubesse das más intenções do padre, Salomão o derruba com um coice. Esse episódio, assim como o do "milagre" de Pádua, quando o elefante se ajoelha diante da basílica de Santo Antônio, são fictícios, mas historicamente coerentes com o período da Contrarreforma em que eles se situam.

O pobre carnaca, que é "mais ou menos cristão", faz pensar nos abusos da colonização. A continuação da história mostra como Subhro é, na Europa, um imigrante maltratado, que se vira como pode, que aceita a troca de seu próprio nome por outro mais a gosto do arquiduque, cuidando com esperteza da própria sobrevivência, em condições semelhantes à dos imigrantes de hoje, que talvez sejam até piores. "Adeus, mundo, cada vez a pior" (p. 200).

E não é só a religião que é satirizada por Saramago, mas o poder opressor em geral:

> Quando montava o salomão, a subhro sempre lhe havia parecido que o mundo era pequeno, mas hoje, no cais do porto de génova, alvo dos olhares de centenas de pessoas literalmente embevecidas pelo espetáculo que lhes estava sendo oferecido, quer com sua própria pessoa quer com um animal em todos os aspectos tão desmedido que obedecia às suas ordens, fritz contemplava com uma espécie de desdém a multidão, e, num insólito instante de lucidez e relativização, pensou que, bem vistas as coisas, um arquiduque, um rei, um imperador, não são mais do que cornacas montados num elefante. (p. 177)

Além disso, o elefante suscita várias reflexões sobre a relação dos homens com os animais, tema caro ao escritor. Ao longo do penoso translado, Salomão suporta quase tudo, mas tem reações "psicológicas" de simpatia ou antipatia, de agrado ou de tristeza. O carnaca explica:

> E não tenham medo, salomão está triste, mas não está zangado, tinha-se habituado a vocês e agora descobriu que se vão embora, E como o soube ele, Essa é uma daquelas coisas que nem vale a pena perguntar, se o interrogássemos directamente, o mais certo seria não nos responder, Por não saber ou por não querer, Creio que na cabeça de salomão o não querer e o não saber se confundem numa grande interrogação sobre o mundo em que o puseram a viver, aliás, penso que nessa interrogação nos encontramos todos, nós e os elefantes. (p. 118)

Afinal, para os homens, o elefante é um mistério: "O elefante, em realidade, era um ser outro. Tão outro que nada tinha que ver com este mundo, governava-se por regras que não se inseriam em nenhum código moral conhecido" (p. 163). Já no fim do percurso, Salomão salva a vida de uma garotinha que caiu numa vala. Seu comportamento é mais nobre do que o dos homens, que, depois de sua morte, transformam partes de seu corpo em objetos de decoração.

Apesar de ser um "facto incontroverso e documentado, avalizado pelos historiadores" (p. 224), a insólita viagem carece de pormenores registrados, o que convida o escritor a desenvolvê-la. O próprio narrador comenta a diferença dos relatos:

No fundo, há que reconhecer que a história não é apenas selectiva, é também discriminatória, só colhe da vida o material socialmente tido como histórico e despreza todo o resto, precisamente onde talvez possa ser encontrada a verdadeira explicação dos factos, das coisas, da puta realidade. Em verdade vos direi, em verdade vos digo que vale mais ser romancista, ficcionista, mentiroso. (p. 225)

A "verdadeira explicação" da vida que a fábula do elefante nos fornece está nas entrelinhas, nos comentários do narrador e no tom assumido por ele. O que a história de Salomão nos mostra é simples: a vida dos homens, como a dos animais, é breve, cheia de percalços, e termina com a morte. O notável é que essa óbvia constatação não resultou numa obra sombria. Em vez de tornar o romancista soturno e amargo, tornou-o mais leve, mais humorístico e mais lírico.

Já no final do conto, o narrador se refere ao "inútil trabalho de descrever uma paisagem", pois "simplesmente não é possível descrever uma paisagem e, por extensão, qualquer outra coisa" (p. 241). Podemos contestar essa afirmação remetendo o leitor a algumas páginas anteriores do mesmo livro, em que Saramago descreve uma paisagem. Como a citação dessas páginas seria longa em demasia, contentemo-nos com alguns trechos: "aquela aldeia banhada pelo maravilhoso luar de agosto que modelava todos os relevos, amaciava as próprias sombras que havia criado, e ao mesmo tempo fazia resplandecer as zonas que iluminava", "Uma nuvem grossa tapou a lua, e a aldeia tornou-se de súbito negra, sumiu--se como um sonho na obscuridade circundante", "As horas passaram, uma pálida claridade a oriente começou a desenhar a curva da porta por onde o sol haveria de entrar, ao mesmo tempo que no lado oposto a lua se deixava cair suavemente nos braços de outra noite" (pp. 49-53).

Essa longa e poética descrição é a prova de que, até o fim, o escritor dominava todos os registros da linguagem literária. Sua afirmação de que "não é possível descrever uma paisagem e, por extensão, qualquer outra coisa", é contrariada, sobretudo, por seus romances anteriores, nos quais ele nos oferece magníficas descrições. Só o *Evangelho segundo Jesus Cristo* contém dezenas de cenas de comovente beleza. Podemos observar, também, que várias das cenas descritas em seus livros ocorrem ao cair da noite ou ao nascer do dia.

Talvez a mais impressionante dessas descrições seja a das gigantescas estátuas de mármore do convento de Mafra, reunidas sob o luar antes de serem colocadas em seus nichos. Poderíamos, igualmente, analisar essas numerosas descrições com as ferramentas da análise literária, ressaltando seu valor artístico. Mas não o faremos, lembrando que, em outro trecho de *A viagem do elefante*, ele diz que talvez não caibam, "num discurso como este [...] solenes conceitos de ética e estética" (p. 174). Abandonemos, portanto, as análises acadêmicas e apenas agradeçamos a Saramago pelo bem e a beleza que, até o fim da vida, ele pôs em seus livros.

Textos que foram revistos e ampliados neste livro

"Saramago e um sobrevivente: Ricardo Reis", *Jornal da Tarde*, São Paulo, 30 nov. 1985.

"Romance de Saramago celebra fé na literatura", *Folha de S.Paulo*, 18 jan. 1992.

Texto de orelha em José Saramago, *Todos os nomes*. São Paulo: Companhia das Letras, 1997.

"As artemages de Saramago", *Folha de S.Paulo*, 6 dez. 1998.

"O Evangelho segundo Saramago", em Beatriz Berrini (Org.), *José Saramago: Uma homenagem*. São Paulo: Educ, 1999.

"Formas e usos da negação na ficção histórica de Saramago", em Tania Franco Carvalhal e Jane Tutikian (Orgs.), *Literatura e história: Três vozes de expressão portuguesa*. Porto Alegre: Editora da UFRGS, 1999.

"A ficção como desafio ao Registo Civil", *Colóquio/ Letras*, n. 151/152 ("José Saramago: o ano de 1998", org. Maria Alzira Seixo). Lisboa: Fundação Gulbenkian, jan.--jun. 1999.

"Saramago teve a proeza de ser um grande romancista moderno", *Folha de S.Paulo*, 19 jun. 2010 (caderno especial sobre a morte de Saramago; título original "Adeus a Saramago").

Obras de José Saramago citadas neste livro

Todas as edições citadas neste livro foram publicadas pela Companhia das Letras.

A caverna, 2020.
A jangada de pedra, 2020.
A viagem do elefante, 2008.
Alabardas, alabardas, espingardas, espingardas, 2014.
As intermitências da morte, 2020.
Cadernos de Lanzarote II, 1999.
Cadernos de Lanzarote, 1997.
Caim, 2009.
Ensaio sobre a cegueira, 2020.
Ensaio sobre a lucidez, 2020.
História do cerco de Lisboa, 2020.
Levantado do chão, 2020.
Manual de pintura e caligrafia, 1992.

Memorial do convento, 2020.
O ano da morte de Ricardo Reis, 2020.
O Evangelho segundo Jesus Cristo, 2020.
O homem duplicado, 2020.
Objeto quase, 1994.
Todos os nomes, 2020.

Referências bibliográficas

OBRAS SOBRE SARAMAGO

AGUILERA, Fernando Gómez. *As palavras de Saramago*. São Paulo: Companhia das Letras, 2010.
LOPES, Óscar. *Os sinais e os sentidos*. Lisboa: Caminho, 1986.
LOURENÇO, Eduardo. *O canto do signo: Existência e literatura*. Lisboa: Editorial Presença, 1994.
REIS, Carlos. *Diálogos com José Saramago*. Lisboa: Caminho, 1998.

OUTRAS OBRAS

ADORNO, Theodor. "Engagement". In: _____. *Notes sur la littérature*. Trad. Sybille Muller. Paris: Flammarion, 1999.
BARTHES, Roland. "O discurso da história". In: _____. *O rumor da língua*. Trad. Mário Laranjeira. São Paulo: Brasiliense, 1988.
_____. *Œuvres complètes*. Ed. Éric Marty. Paris: Éditions du Seuil, 2002.
CURTIUS, Ernst Robert. *Literatura europeia e Idade Média latina*. Trad. Teodoro Cabral e Paulo Rónai. Rio de Janeiro: Instituto Nacional do Livro, 1957.

HOBSBAWM, Eric J. *Como mudar o mundo*. Trad. Donaldson M. Garschagen. São Paulo: Companhia das Letras, 2011.

KIERKEGAARD, Soren. *Temor e tremor*. Trad. Torrieri Guimarães. São Paulo: Livraria Exposição do Livro, 1964.

KIS, Danilo. *Encyclopédie des morts*. Paris: Gallimard, 1982.

LYOTARD, Jean-François. "Réécrire la modernité". In: _____. *L'inhumain*. Paris: Galilée, 1988.

ROSA, João Guimarães. *Primeiras estórias*. Rio de Janeiro: José Olympio, 1962.

SCHOLEM, Gershom. "Abraão Abuláfia e a doutrina do cabalismo profético". In: _____. *As grandes correntes da mística judaica*. Trad. Dora Ruhman. São Paulo: Perspectiva, 1972.

VEYNE, Paul. *Comment on écrit l'histoire*. Paris: Seuil, 1971-8.

ESTA OBRA FOI COMPOSTA PELO ACQUA ESTÚDIO EM MERIDIEN
E IMPRESSA PELA LIS GRÁFICA EM OFSETE SOBRE PAPEL PÓLEN BOLD
DA SUZANO S.A. PARA A EDITORA SCHWARCZ EM OUTUBRO DE 2022

A marca FSC® é a garantia de que a madeira utilizada na fabricação do papel deste livro provém de florestas que foram gerenciadas de maneira ambientalmente correta, socialmente justa e economicamente viável, além de outras fontes de origem controlada.